おとがでるえほん

かいてみよう　きいてみよう
かんじ 1

へん　おううんかい
え　　たかはしこうこ

■ はじめに―すいせんのことば

　本書は、桜雲会によって作成された漢字を学習するための本です。桜雲会は長年にわたり、視覚に障害をもつ子供たちに向けて、漢字の形がわかる本を数多く出版してきました。桜雲会の経験と、付属されたペン「音筆」の技術の組みあわせによって、漢字の学習効果が高まる内容となりました。

　日本語の漢字には、音と訓が混じりあっています。その理由は、紀元前に中国から漢字が入り、7世紀頃には訓読みがはじまったことに由来します。そのため日本語は、長い時間をかけて奥行の深い表現力をもつ言葉になりました。しかし同時に音訓が入りまじった表現は複雑です。この本の「音筆」は、紙面に触れるだけで、すぐに音声がでます。文章とイラストを見ながら、音筆から流れてくる声を聞き、一緒に声を出すことで、豊かな日本語と友達になることができます。

　漢字と音筆のコラボレーションで完成したこの本をつかうことで、楽しみながら漢字を学習することができるでしょう。

日本福祉大学講師

馬場景子

■ かいてみよう　きいてみよう

　この本_{ほん}は、絵本_{えほん}からとび出_でる音_{おと}をききながら、

かん字_じのよみかたや、書_かきじゅんをおぼえる絵本_{えほん}です。

　「しゃべるペン（音筆_{おんぴつ}）」をもって、書_かきじゅんにタッチ

して、矢_やじるしの方向_{ほうこう}になぞってみましょう。

　ほかにもいろいろなところに音_{おと}がかくれています。

　どこにあるか、さがしてみましょう！

■もくじ

はじめに－すいせんのことば ・・・・・・・・・・・・・・・・ 2

かいてみよう　きいてみよう ・・・・・・・・・・・・・ 3

もくじ ・・・・・・・・・・・・・・・・・・・・・ 4

音筆のつかいかた ・・・・・・・・・・・・・・ 8

この本のつかいかた ・・・・・・・・・・・ 10

矢じるしのしゅるい ・・・・・・・・・・・ 11

へんとかんむりのせつめい ・・・・・・・・・ 12

一（イチ　ひと　ひとつ） ・・・・・・・・・・・ 14

二（ニ　ふたつ） ・・・・・・・・・・・・・・ 16

三（サン　みっつ） ・・・・・・・・・・・・ 18

四（シ　よ　よっつ　よん） ・・・・・・・・ 20

五（ゴ　いつつ） ・・・・・・・・・・・・ 22

六（ロク　むっつ） ・・・・・・・・・・・ 24

七（シチ　なな　ななつ） ・・・・・・・・・・ 26

八（ハチ　やっつ） ・・・・・・・・・・・ 28

九（ク　キュウ　ここのつ） ・・・・・・・・ 30

十（ジュウ　ジッ　とお　と） ・・・・・・・ 32

百（ヒャク） ・・・・・・・・・・・・・・ 34

日（ニチ　ジツ　ひ　か） ・・・・・・・・・ 36

月（ゲツ　ガツ　つき） ・・・・・・・・・・ 38

火（カ　ひ） ・・・・・・・・・・・・・・ 40

水（スイ　みず） ・・・・・・・・・・・・ 42

木（ボク　モク　き　こ） ・・・・・・・・・ 44

金（キン　コン　かね　かな）・・・・・・・・・・・・・　46

土（ド　ト　つち）・・・・・・・・・・・　48

上（ジョウ　うえ　うわ　かみ）・・・・・・・・・　50

下（カ　ゲ　した　しも　くだす　おろす）・・・・・・・　52

左（サ　ひだり）・・・・・・・・・・・・・　54

右（ウ　ユウ　みぎ）・・・・・・・・・・　56

大（ダイ　タイ　おおきい　おおいに）・・・・・・・　58

中（チュウ　ジュウ　なか）・・・・・・・・・・　60

小（ショウ　ちいさい　こ　お）・・・・・・・・　62

目（モク　め）・・・・・・・・・・・・・　64

口（コウ　ク　くち）・・・・・・・・・・・・　66

耳（ジ　みみ）・・・・・・・・・・・・・・　68

手（シュ　て）・・・・・・・・・・・・・・　70

足（ソク　あし　たりる　たる　たす）・・・・・・・・　72

人（ジン　ニン　ひと）・・・・・・・・・・・・　74

休（キュウ　やすむ）・・・・・・・・・・・・　76

白（ハク　ビャク　しろ　しら　しろい）・・・・・・・・・　78

山（サン　やま）・・・・・・・・・・・・・・　80

川（セン　かわ）・・・・・・・・・・・・・・　82

田（デン　た）・・・・・・・・・・・・・・・　84

力（リョク　リキ　ちから）・・・・・・・・・・・　86

男（ダン　ナン　おとこ）・・・・・・・・・・・・　88

女（ジョ　おんな）・・・・・・・・・・・・・・・・　90

年（ネン　とし）・・・・・・・・・・・・・・・・・　92

入（ニュウ　いる　いれる　はいる）・・・・・・・・　94

出（シュツ　スイ　でる　だす）・・・・・・・・・・　96

早（ソウ　サッ　はやい　はやまる　はやめる）・・・・・・　98

車（シャ　くるま）・・・・・・・・・・・・・・・・　100

立（リツ　リュウ　たつ　たてる）・・・・・・・・・・　102

音（オン　イン　おと　ね）・・・・・・・・・・・・　104

夕（セキ　ゆう）・・・・・・・・・・・・・・・・・　106

名（メイ　ミョウ　な）・・・・・・・・・・・・・・　108

石（セキ　シャク　コク　いし）・・・・・・・・・・　110

貝（かい）・・・・・・・・・・・・・・・・・・・・　112

見（ケン　みる　みえる）・・・・・・・・・・・・・　114

王（オウ）・・・・・・・・・・・・・・・・・・・・　116

玉（ギョク　たま）・・・・・・・・・・・・・・・・　118

糸（シ　いと）・・・・・・・・・・・・・・・・・・　120

花（カ　はな）・・・・・・・・・・・・・・・・・・　122

草（ソウ　くさ）・・・・・・・・・・・・・・・・・　124

竹（チク　たけ）・・・・・・・・・・・・・・・・・　126

本（ホン　もと）・・・・・・・・・・・・・・・・・　128

林（リン　はやし）・・・・・・・・・・・・・・・・　130

森（シン　もり）・・・・・・・・・・・・・・・・・　132

校（コウ）・・・・・・・・・・・・・・・・・・・・・・ 134

村（ソン　むら）・・・・・・・・・・・・・・・・・ 136

町（チョウ　まち）・・・・・・・・・・・・・・・ 138

子（シ　ス　こ）・・・・・・・・・・・・・・・・・ 140

字（ジ　あざ）・・・・・・・・・・・・・・・・・・・ 142

学（ガク　まなぶ）・・・・・・・・・・・・・・・ 144

文（ブン　モン　ふみ）・・・・・・・・・・・ 146

先（セン　さき）・・・・・・・・・・・・・・・・・ 148

生（セイ　ショウ　いきる　うまれる　はえる　なま）・・・ 150

正（セイ　ショウ　ただしい　ただす　まさ）・・・・・・ 152

千（セン　ち）・・・・・・・・・・・・・・・・・・・ 154

円（エン　まるい）・・・・・・・・・・・・・・・ 156

赤（セキ　シャク　あか　あかい）・・・・・・・・・ 158

青（セイ　あお　あおい）・・・・・・・・・ 160

空（クウ　そら　あく　あける　から）・・・・・・・・ 162

雨（ウ　あめ　あま）・・・・・・・・・・・・・ 164

天（テン　あめ　あま）・・・・・・・・・・・・ 166

気（キ　ケ）・・・・・・・・・・・・・・・・・・・・・ 168

犬（ケン　いぬ）・・・・・・・・・・・・・・・・・ 170

虫（チュウ　むし）・・・・・・・・・・・・・・・ 172

あとがき ・・・・・・・・・・・・・・・・・・・・・・・ 174

■ 音筆のつかいかた

① **電源を入れる。**

電源ボタンを長押しして、電源を入れます。
3分間何もしないと、自動的に電源が切れます。その際は、
ふたたび電源ボタンを長押しして、電源を入れてください。

② **イラストや文字をタッチする。**

音筆は、紙面に対して垂直になるようにタッチしてください。

③ **音筆から音が聞こえる。**

ごくまれに、該当の音声に続けて、ほかのページの音声が
再生されることがありますが、不具合ではありません。また、
製品の性質上、同じ音がくりかえし再生されることがありま
すが、不具合ではありません。LEDランプが点灯している
のに、音がでない場合は、一度電源を切り、再度電源を入れ
てください。

④ **使用が終わったら電源を切る。**

電源ボタンを長押しすると、電源が切れます。

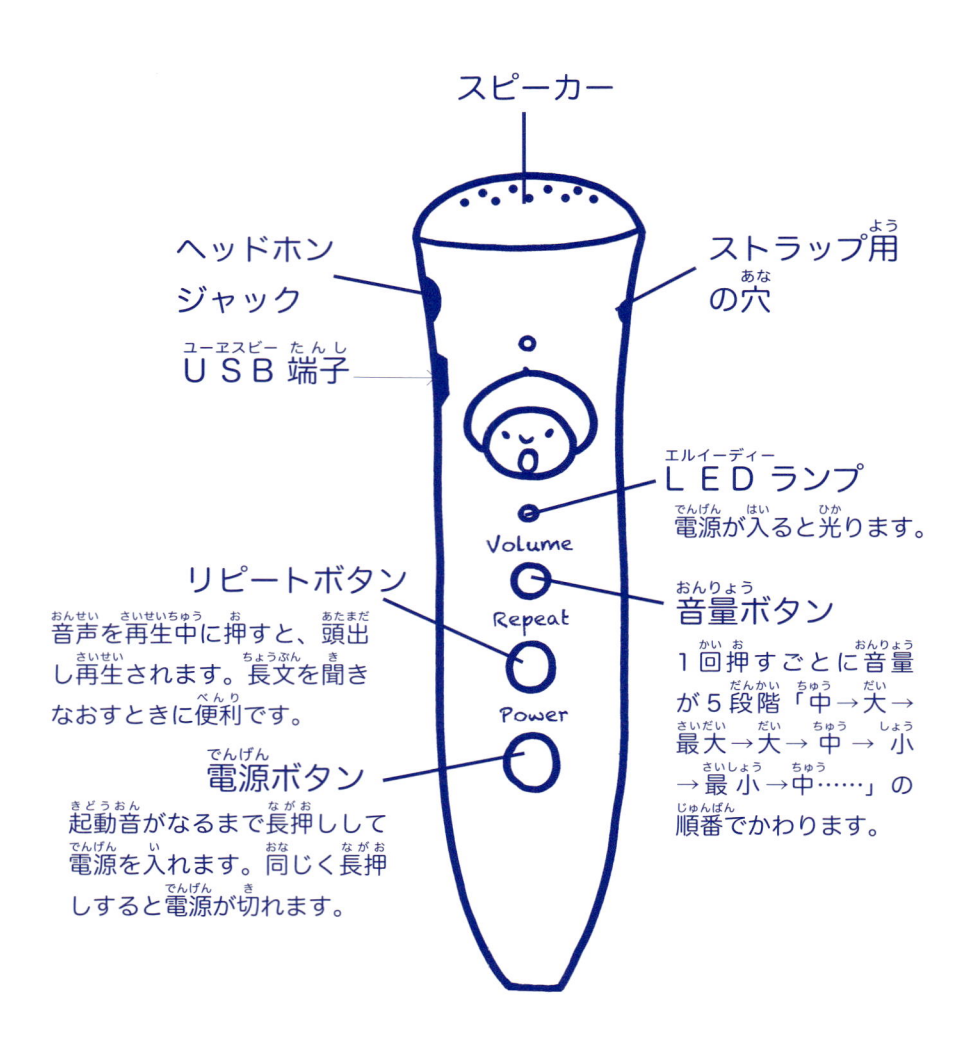

スピーカー

ヘッドホン
ジャック

ストラップ用
の穴

USB端子

LEDランプ
電源が入ると光ります。

Volume

リピートボタン
音声を再生中に押すと、頭出
し再生されます。長文を聞き
なおすときに便利です。

Repeat

音量ボタン
1回押すごとに音量
が5段階「中→大→
最大→大→ 中 → 小
→最小→中……」の
順番でかわります。

Power

電源ボタン
起動音がなるまで長押しして
電源を入れます。同じく長押
しすると電源が切れます。

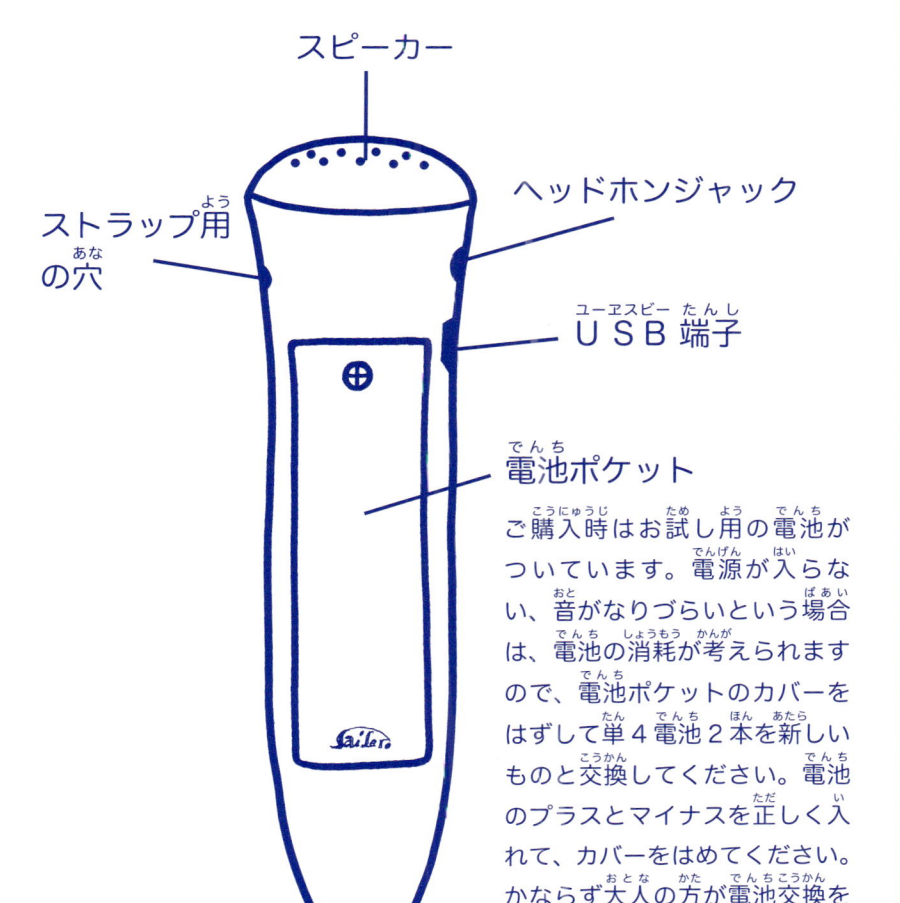

スピーカー

ヘッドホンジャック

ストラップ用の穴

ＵＳＢ端子

電池ポケット

ご購入時はお試し用の電池がついています。電源が入らない、音がなりづらいという場合は、電池の消耗が考えられますので、電池ポケットのカバーをはずして単４電池２本を新しいものと交換してください。電池のプラスとマイナスを正しく入れて、カバーをはめてください。かならず大人の方が電池交換をしてください。

＊大人の方へ―かならずお読みください。

故障かな？と思ったときは

 電源が入らない・・・　　 途中で音が途切れる・・・

赤いランプが点滅する・・・　　すぐに電源が切れる・・・

こんなときは・・・
電池を交換してみてください

 電池は新品ですか？
　　使いかけや長期保存されていた電池は、残量が少なくなっていることがあります。
　　必ず２本とも新品の電池をお使いください。

 アルカリ乾電池や
充電式ニッケル水素電池を使っていますか？
　　マンガン電池は消耗が早いことがあります。
　　アルカリ乾電池や充電式ニッケル水素電池をおすすめします。

新旧の電池や違うメーカーの電池を
混ぜて使っていませんか？
　　電池の混在使用はしないでください。故障や液漏れの原因となります。

- 新品のアルカリ電池での連続使用時間はおよそ４時間です。(メーカーや保存期間などによって異なります)
- 電池の残量がなくなると赤いランプが点滅して電源が自動的に切れますので、そのまま放置せず、
新品の電池と交換してください。
残量の少ない電池を使い続けますと動作不良や発熱を起こすことがあります。

電池を節約する方法について

① AC電源の利用
USBケーブルにより音声ペンと起動中のPCまたはAC電源付きのUSBハブと接続することで、電池を使用した時と全く同様に音声ペンが作動します。AC電源を利用した場合回路が切り替わるため電池電源は使用しません。
(音声ペンに電池が取り付けてなくとも作動します。充電機能はありません。)

② イヤホンの利用
イヤホンを利用すると電力消費量がスピーカーを使用した場合に比べて1/3以下になりますので、電池の消耗を防ぐ有効な手段の一つです。イヤホンは3.5m、2極または3極タイプをご使用ください。ジャックの着脱時は電源をお切り下さい。
(スマホ用4極タイプは使用しないでください。プラグ側のショートによる不具合の原因になることがあります。)

電池を交換しても動作しないときは…

音声ペンに関するお問合せ
セーラー万年筆株式会社　音声ペン事業室　〒135-8312　東京都江東区毛利 2-10-18
TEL. 03-3846-2425（土・日・祝を除く 9:00 ～ 18:00）

■ この本のつかいかた

①

② たき火　パチパチ　あったか　火曜日

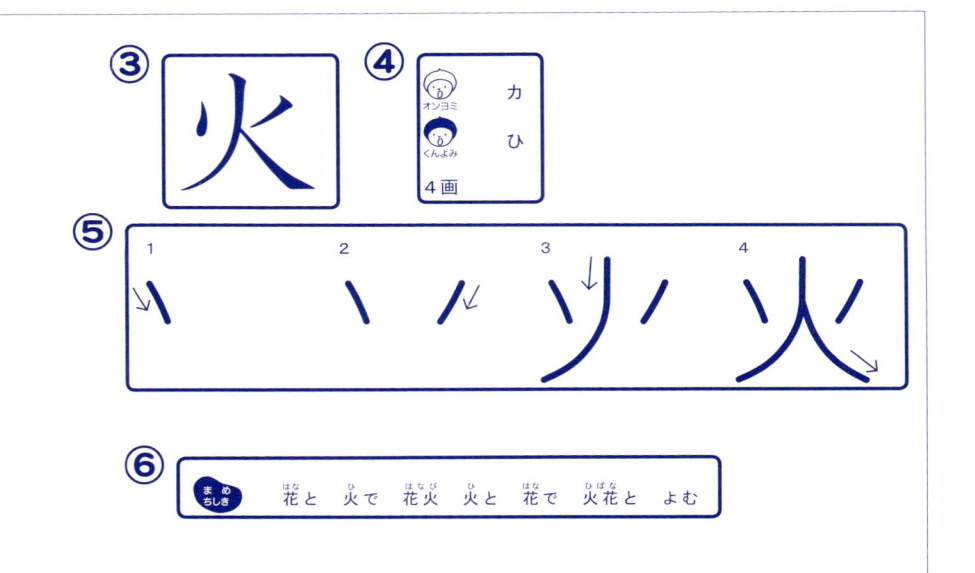

③ 火　4画　オンヨミ　カ　くんよみ　ひ

⑤ 1　2　3　4　火

⑥ まめちしき　花と　火で　花火　火と　花で　火花と　よむ

① 音筆でイラストをタッチすると、その漢字をつかった例文「たき火　パチパチ　あったか　火曜日」が流れます。また、イラストのなかには、かならず1か所だけ、効果音や楽しいセリフが流れるところがあります。

② 例文は文節ごとにわかれています。文節ごとに、音が流れるので音筆でタッチする文節の順番をかえることで、「たき火　パチパチ　あったか　火曜日」という文章を（例）「あったか　火曜日　パチパチ　たき火」というように組みかえて読むことができます＊。
＊音声は、このページで紹介する漢字を強調して読みあげています。

③ このページで紹介する漢字です。音筆でタッチすると音読みと訓読みが連続して流れます。

④ オンヨミ をタッチすると音読みが、くんよみ をタッチすると訓読みが流れます。

⑤ 漢字の書き順を示しています。⟶ で示した線の始点を音筆でタッチすると、書き順の順番を示す数字が流れます。

⑥ その漢字の覚え方や、あわせて覚えておきたい漢字の組みあわせや読み方などの豆知識です。音筆でタッチすると音で聞くことができます。

■ 矢<ruby>じ<rt>や</rt></ruby>るしのしゅるい

右に見本の漢字（月）をのせてあります。
矢じるしは書く方向をあらわしていて、
書き順のそばの上や横に記してあります。

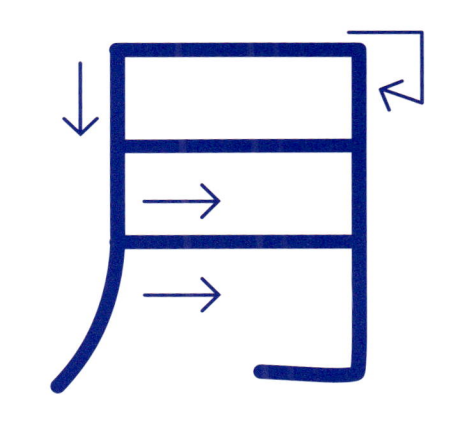

→ 左から右へ

↓ 上から下へ

↙ 左下ななめへ

↘ 右下ななめへ

↵ 下ろしてはねる

⌐→ 下ろして右へ

左から横線を引いて、下ろす

左から横線を引いて、下ろしてはねる

左から横線を引いて、左下ななめへ

左から横線を引いて、下ろして右へ

左ななめに下ろして、右へ

左から横線を引いて、下ろしてはねる

■ へんとかんむりのせつめい

左右に分けられる漢字の左の部分を「へん」、上下に分けられる部分
を「かんむり」といいます。

「へん」の例

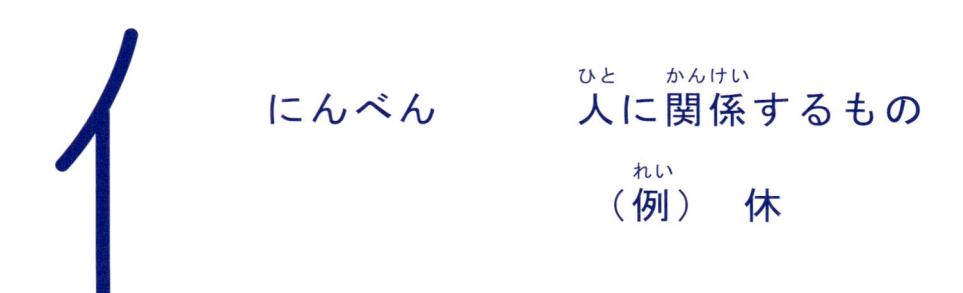

にんべん　　　　　人に関係するもの

（例）　休

きへん　　　　　木に関係するもの

（例）　林　森　校　村

「かんむり」の例

くさかんむり　草に関係するもの

（例）　花　草

うかんむり　　屋根などに関係するもの

（例）　字　空

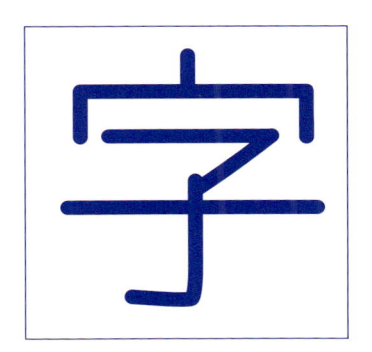

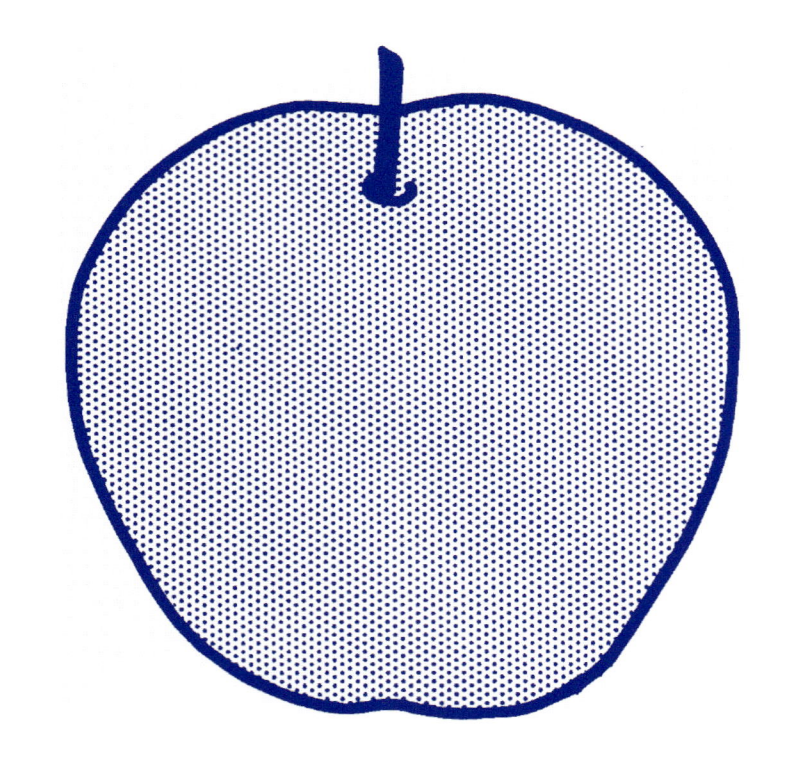

いっちゃんが　一人<ruby>で<rt></rt></ruby>　リンゴを　一個　食べた

一

オンヨミ イチ

くんよみ ひと　ひとつ

1画

1

→ ───

 まめ ちしき

一と　日にちの　日で　一日と　よむ

にいちゃんと　二人（ふたり）で　二羽（にわ）の　にわとりを　追（お）った

二

オンヨミ ニ

くんよみ ふたつ

2画

2

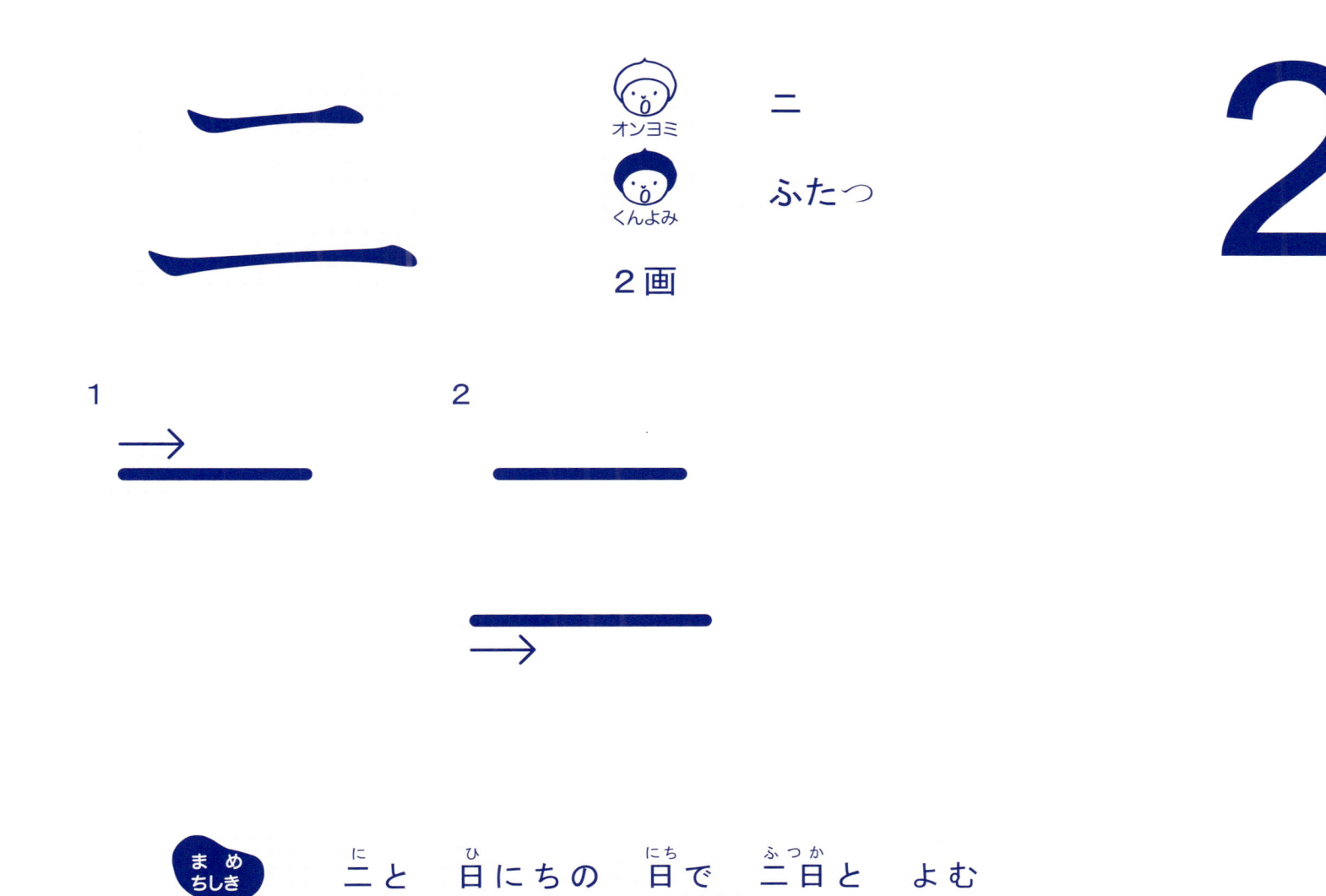

1 →
2

→

まめちしき 二と 日にちの 日で 二日と よむ

さんちゃんと　三人(さんにん)で　三つ(みっ)の　ぼうしを　かぶったよ

三

オンヨミ　サン

くんよみ　みっつ

3画

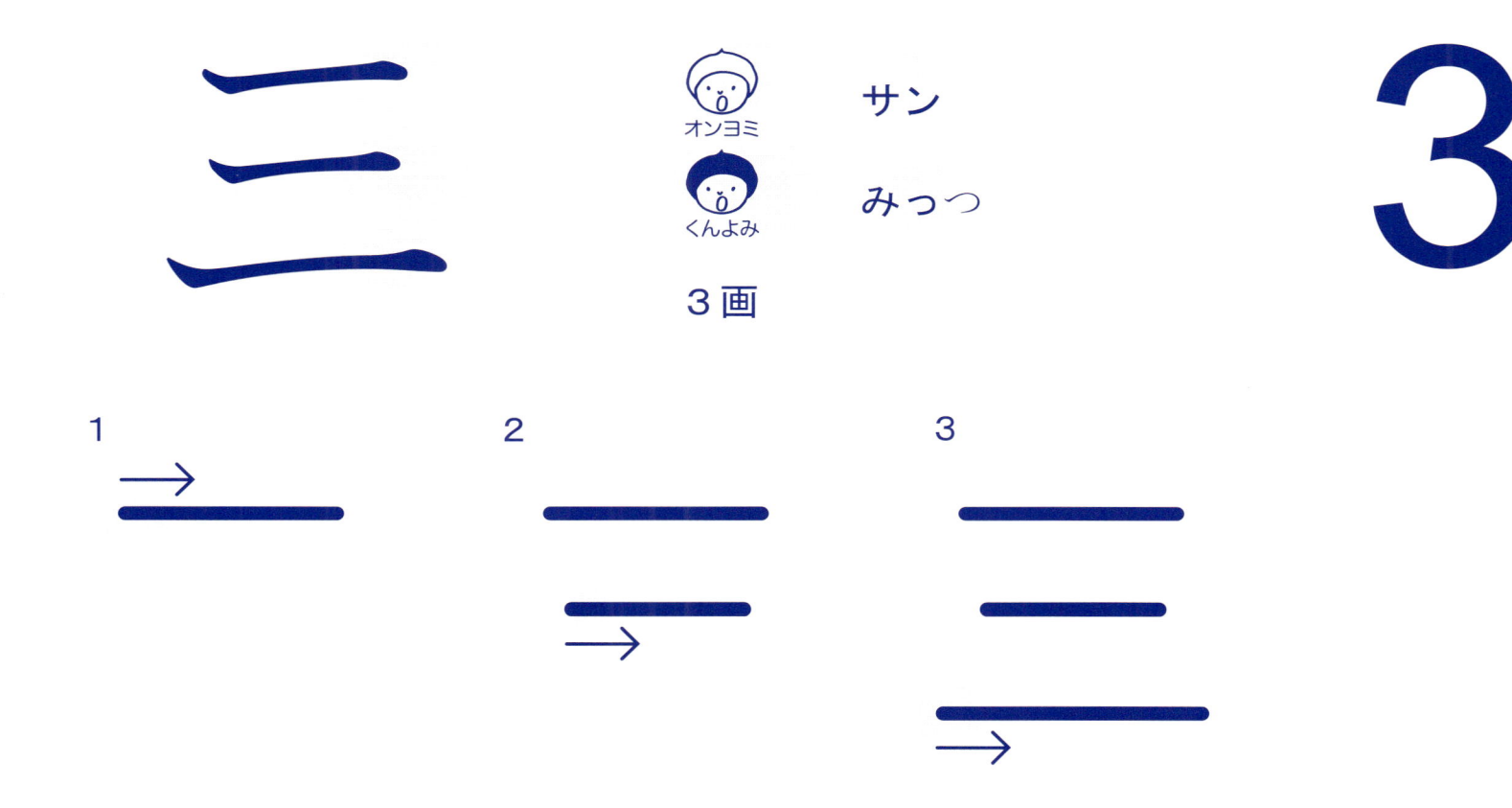

1　→ 三

2　三 →

3　三 →

まめちしき　三<ruby>さん</ruby>と　日<ruby>ひ</ruby>にちの　日<ruby>にち</ruby>で　三日<ruby>みっか</ruby>と　よむ

よっちゃんと　四人で　四角い　家　たてた

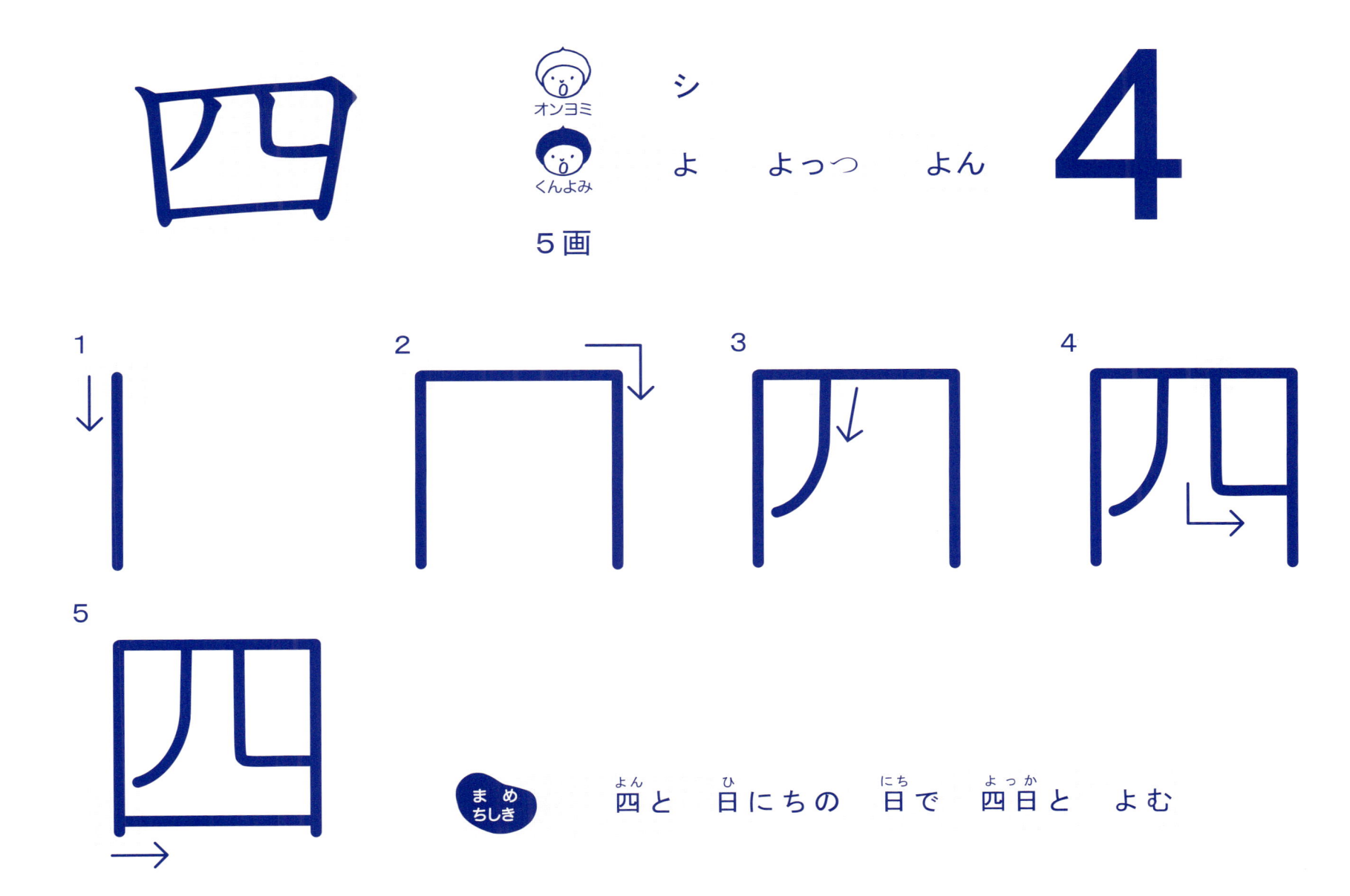

オンヨミ シ

くんよみ よ　よっつ　よん

5画

4

1

2

3

4

5

まめちしき 四と　日にちの　日で　四日と　よむ

ごろちゃんと　五人（ごにん）で　五つ（いつ）の　イチゴを　食（た）べた

五

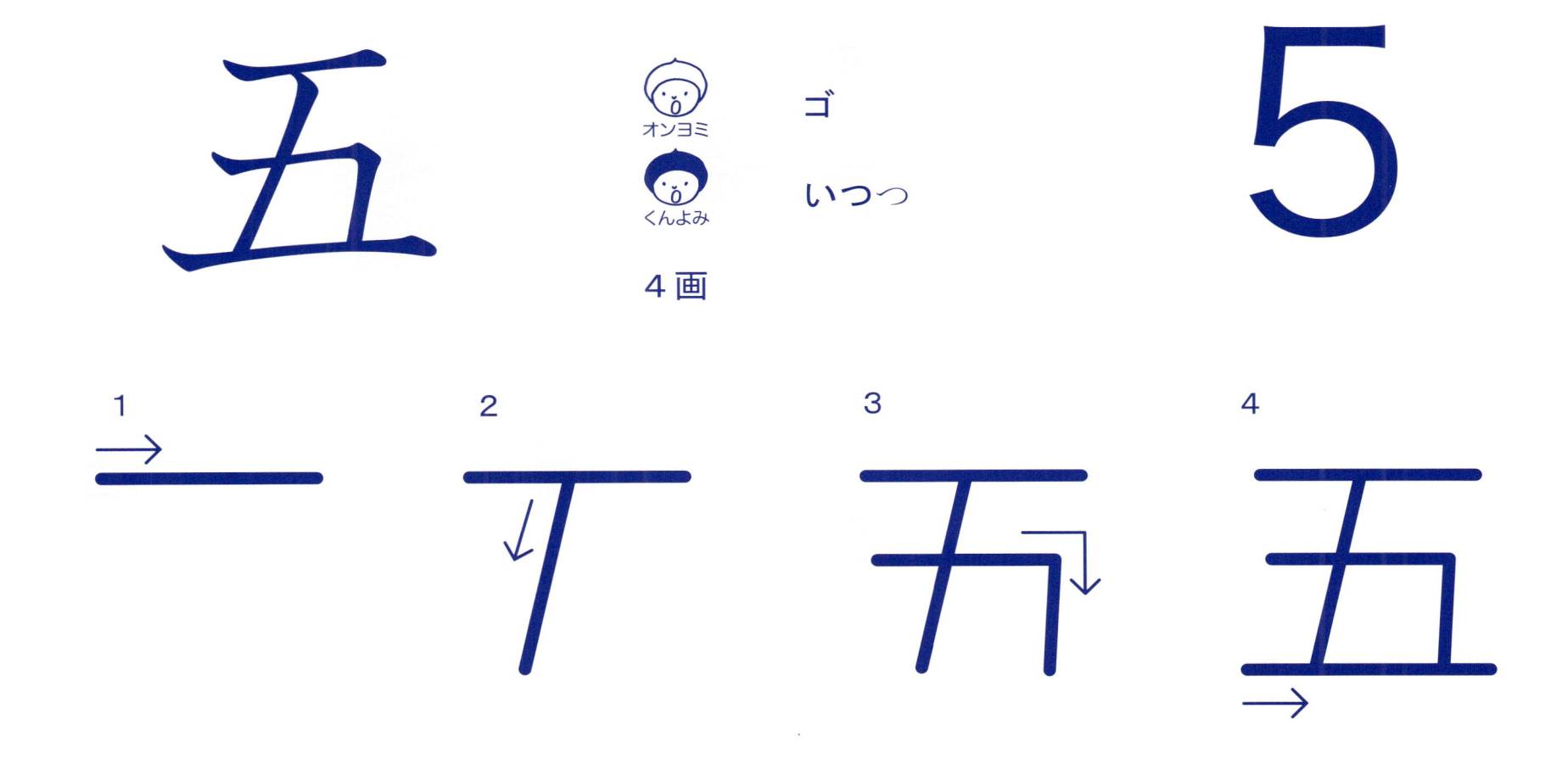

オンヨミ　ゴ

くんよみ　いつつ

4画

5

1　→ 一

2　丁

3　万

4　五 →

 まめ ちしき　五と 目で 五目めしの 五目と よむ

ろくちゃんと　六人で　六つの　花びんを　わっちゃた

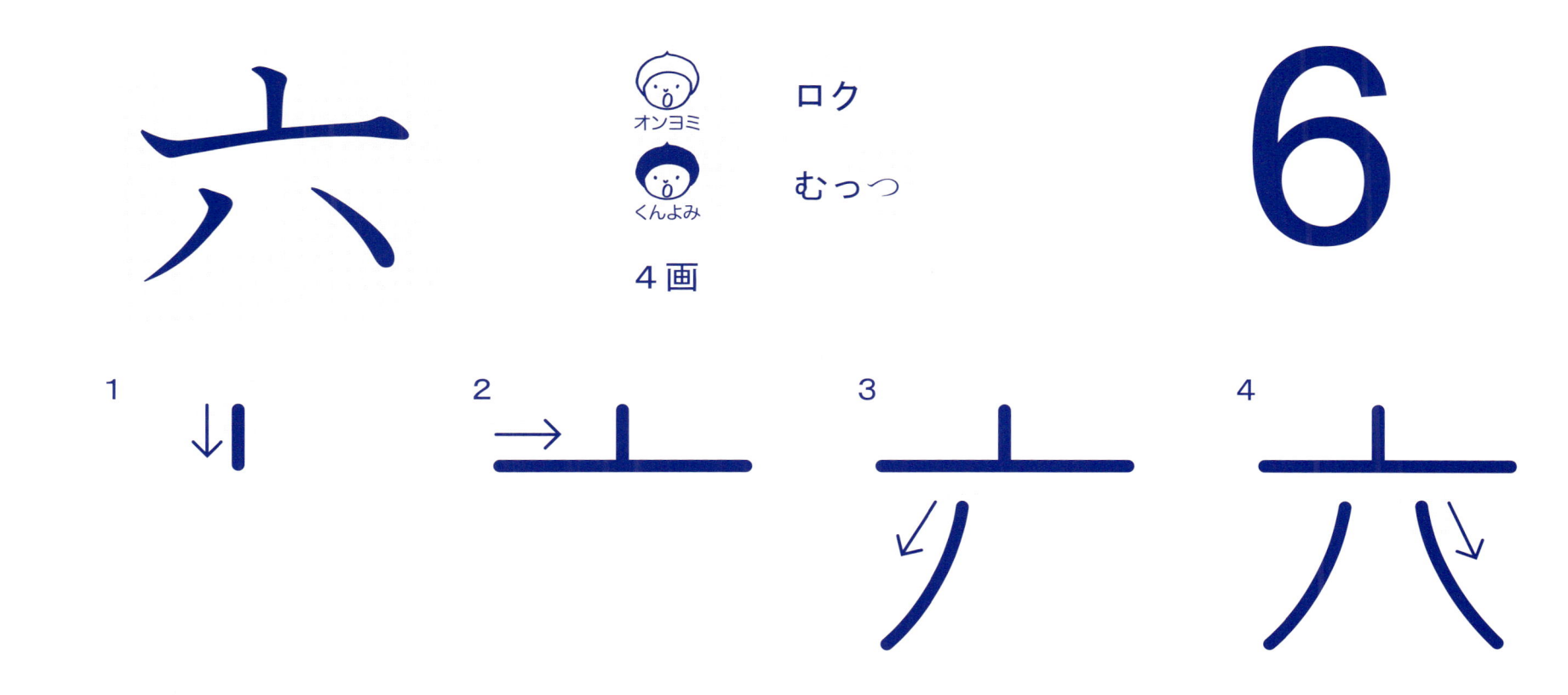

六

オンヨミ　ロク

くんよみ　むっつ

4画

6

1 ↓

2 →上

3 ナ

4 六

 まめちしき　六（ろく）と　日（ひ）にちの　日（にち）で　六日（むいか）と　よむ

ななちゃんと　七人（しちにん）で　七つ（なな）の　星（ほし）を　見（み）つけたよ

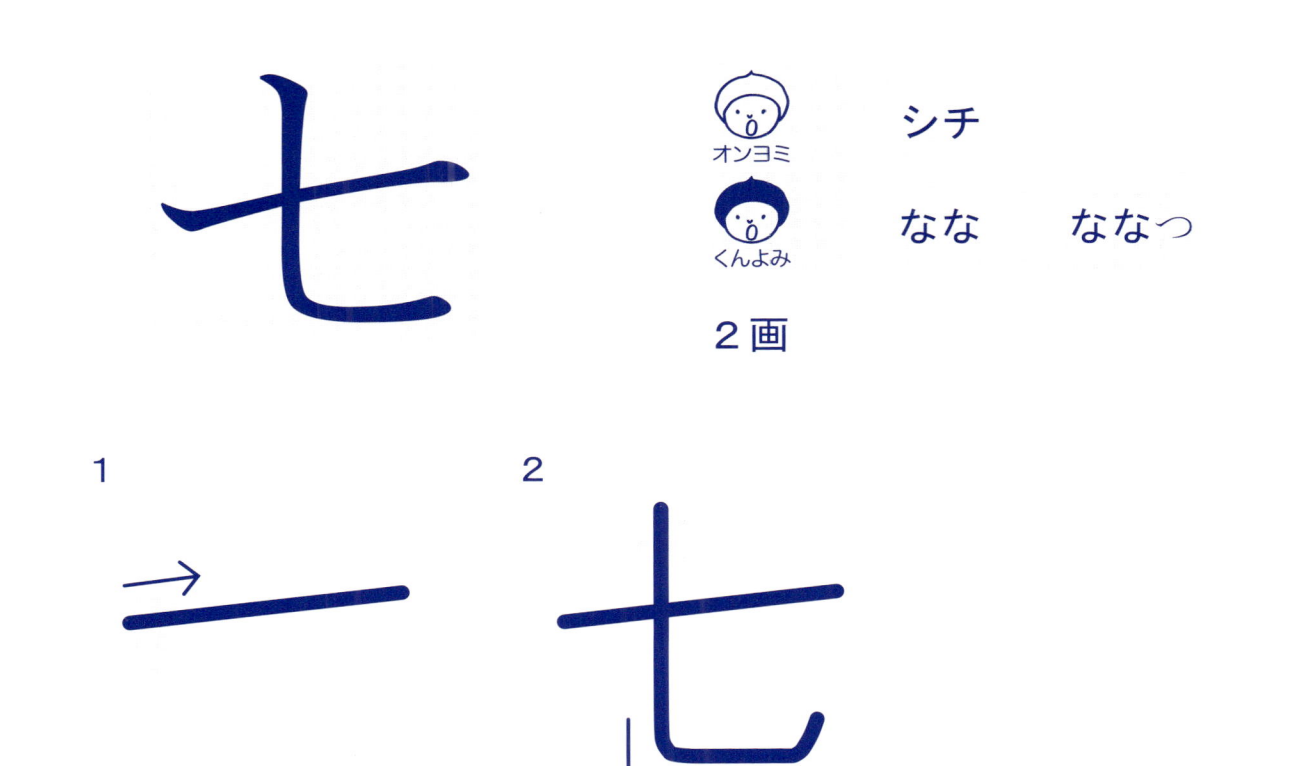

七

オンヨミ シチ

くんよみ なな　ななつ

2画

7

1 →

2 七

まめ
ちしき

七と 夕方の 夕で 七夕と よむ

はっちゃんと　八人（はちにん）で　ハチに　さされて　こぶ　八つ（やっ）

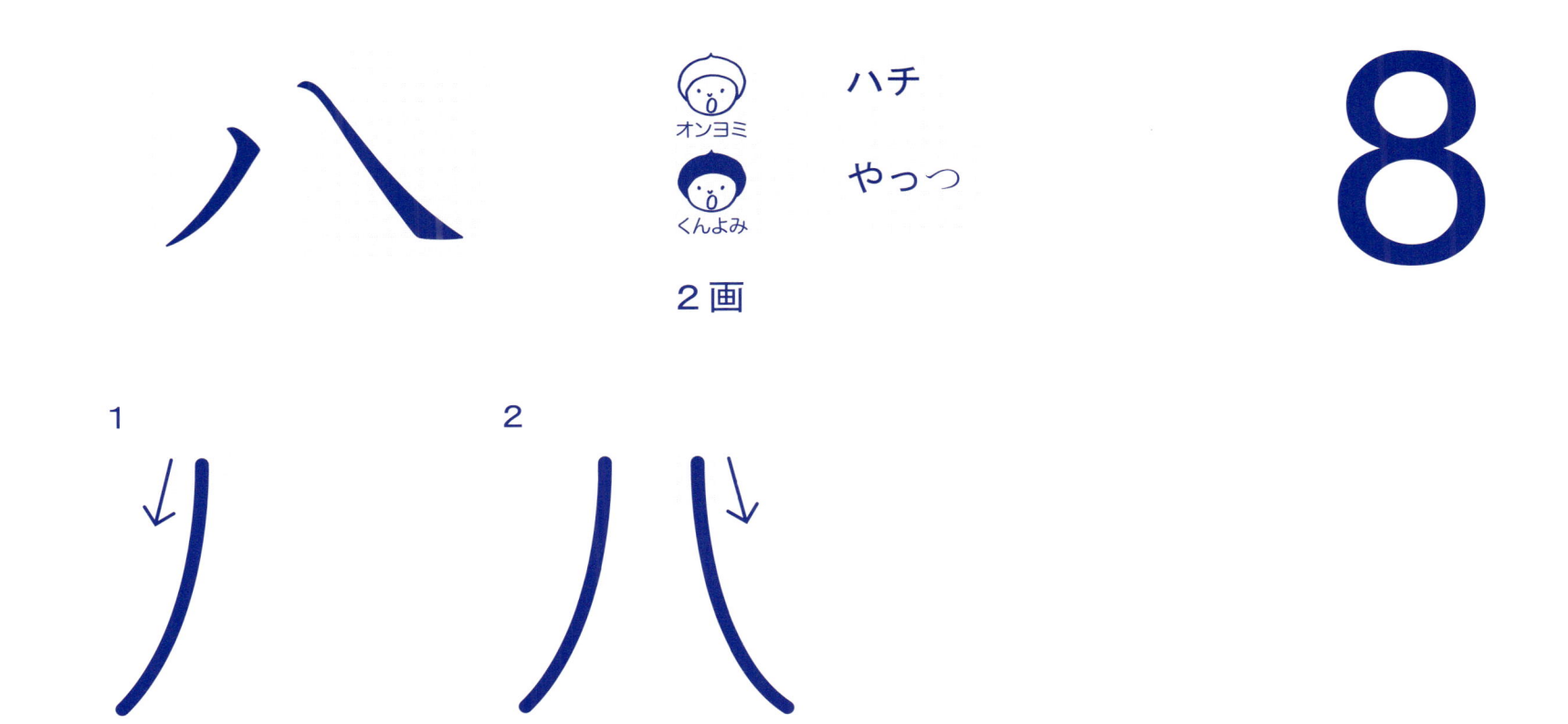

八

オンヨミ　ハチ

くんよみ　やっつ

2画

8

　まめちしき　八と　百と　屋根の　屋で　八百屋と　よむ

きゅうちゃんと　九人<ruby>くにん</ruby>で　雲<ruby>くも</ruby>を　九つ<ruby>ここの</ruby>　かぞえたよ

オンヨミ　ク　　キュウ

くんよみ　ここのつ

2画

9

1
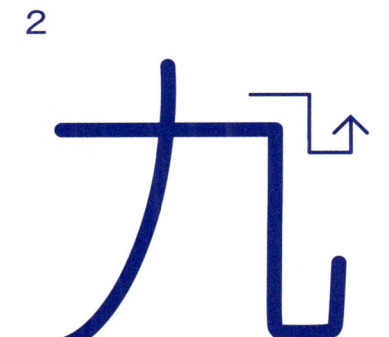

2

まめ
ちしき
九と　九で　かけざんの　九九と　よむ

とうとう　十日（とおか）で　十人（じゅうにん）だ

十

オンヨミ　ジュウ　ジッ

くんよみ　とお　と

2画

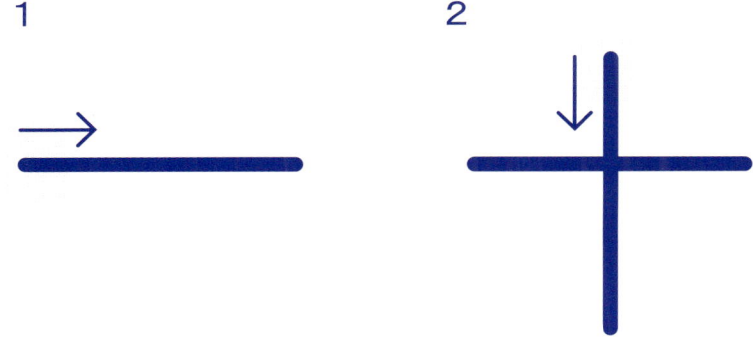

1　→　一

2　↓　十

　まめ　ちしき

十と　五と　夜で　十五夜と　よむ

百円が 百まい あると いくらかな？

百

オンヨミ ヒャク

くんよみ

6画

100

1 → 一

2 ニ

3 厂

4 币

5 百

6 百

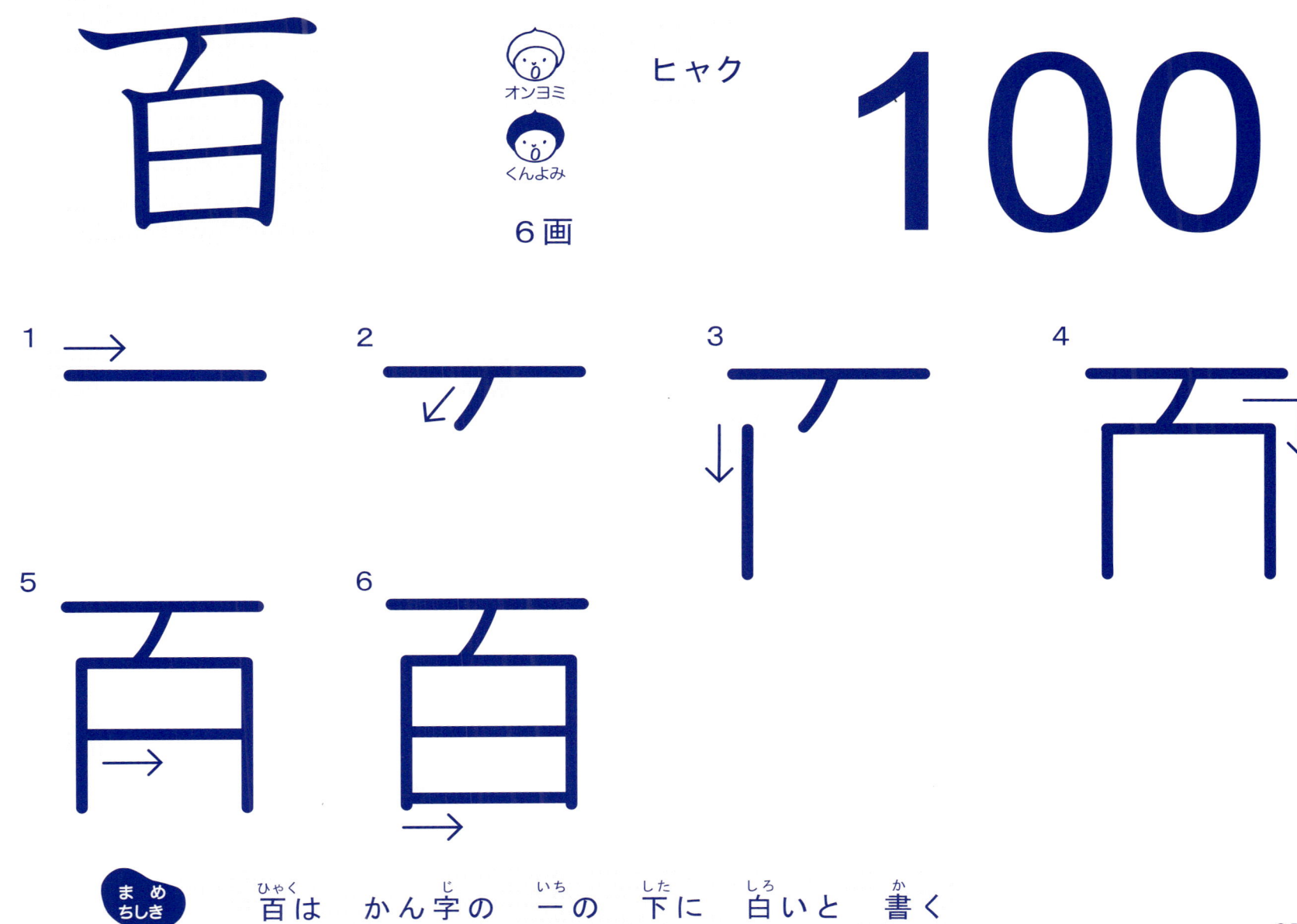

まめちしき 百は かん字の 一の 下に 白いと 書く

35

お日さま　にこにこ　日曜日

日

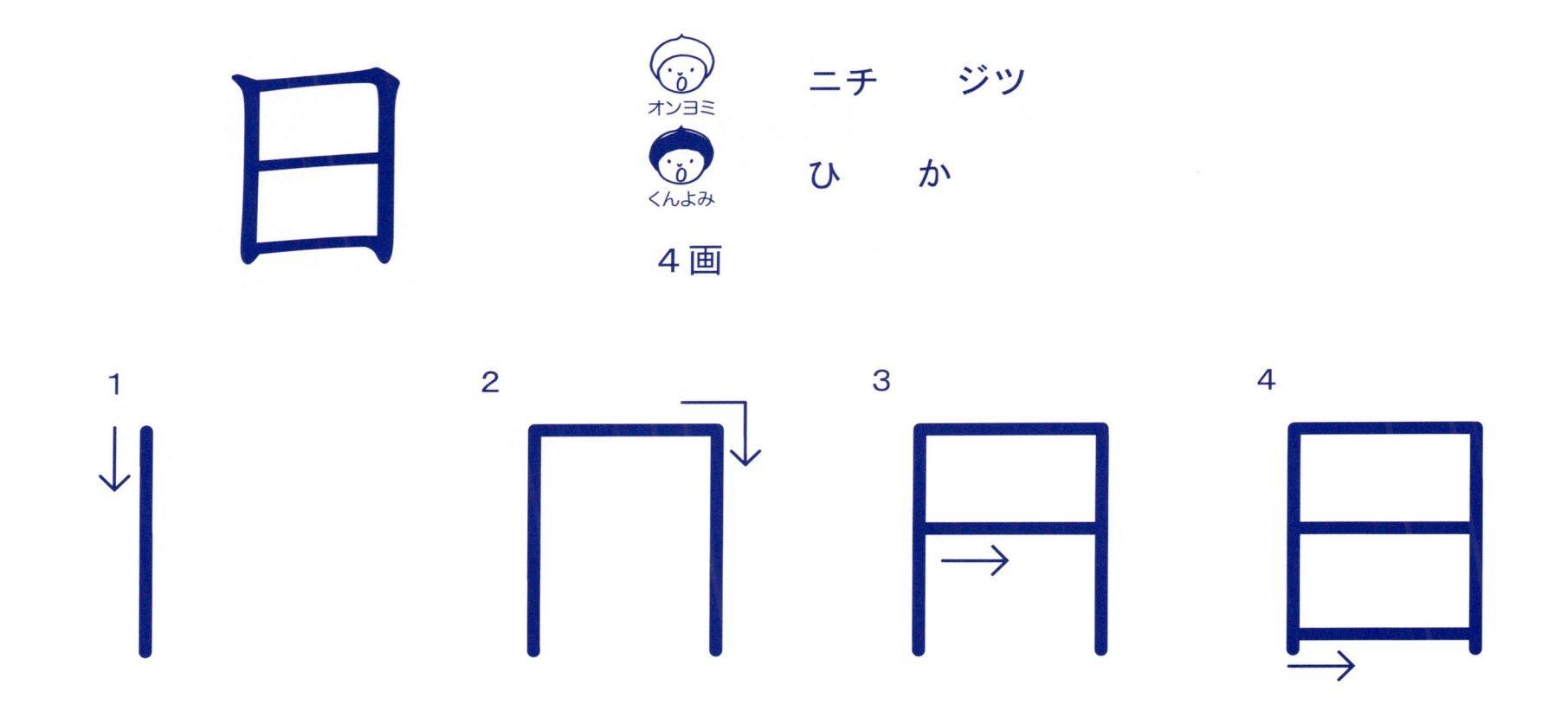

1 2 3 4

 **まめ ちしき** 明るいと 日で 明日と よむ

三日月（みかづき）　すやすや　月曜日（げつようび）

月

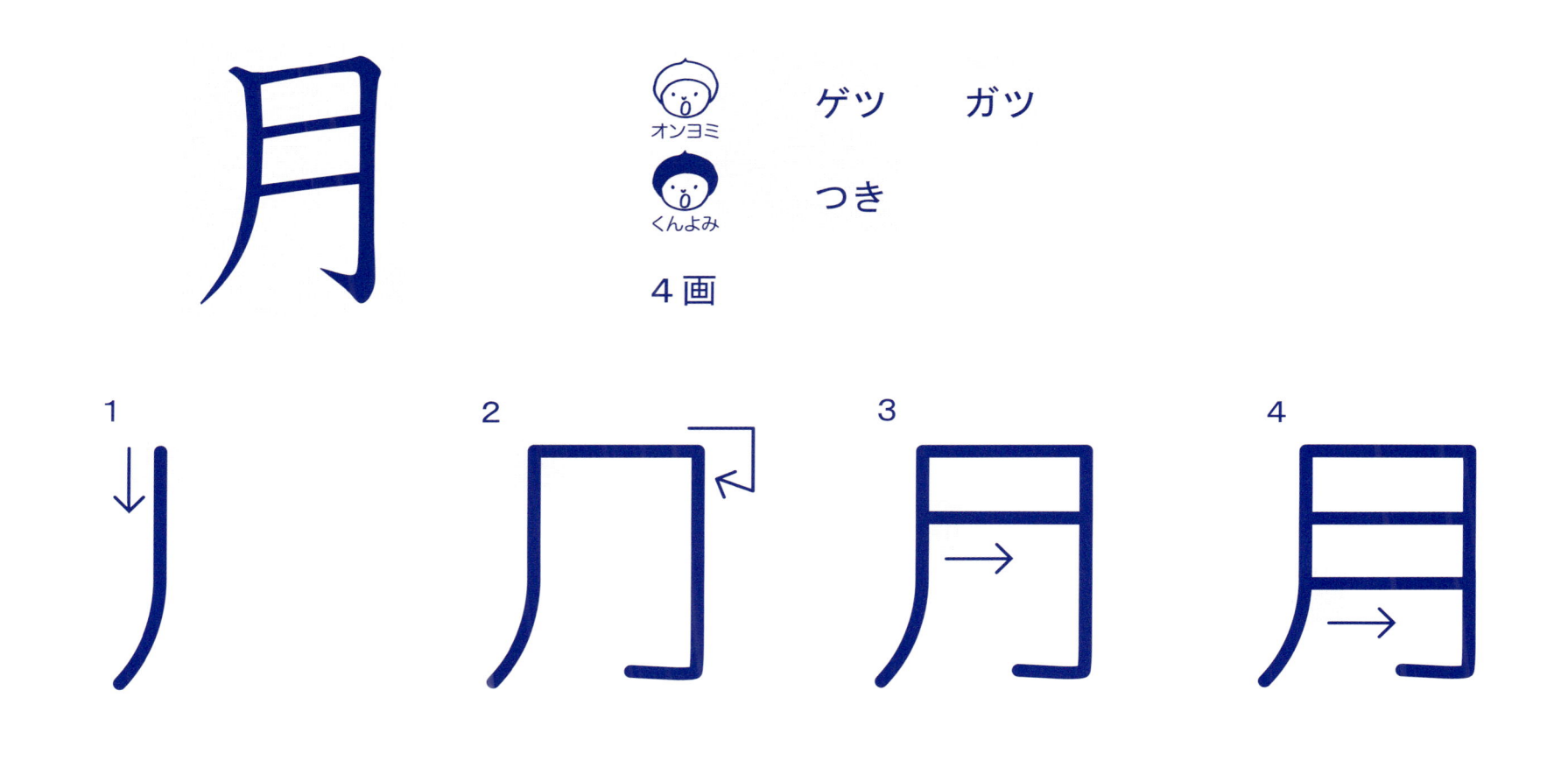

オンヨミ　ゲツ　ガツ

くんよみ　つき

4画

1　↓ノ

2　冂

3　月 →

4　月 →

まめちしき　三<ruby>さん</ruby>と　日<ruby>ひ</ruby>にちの　日<ruby>にち</ruby>と　月<ruby>つき</ruby>で　三日月<ruby>みかづき</ruby>と　よむ

たき火　パチパチ　あったか　火曜日

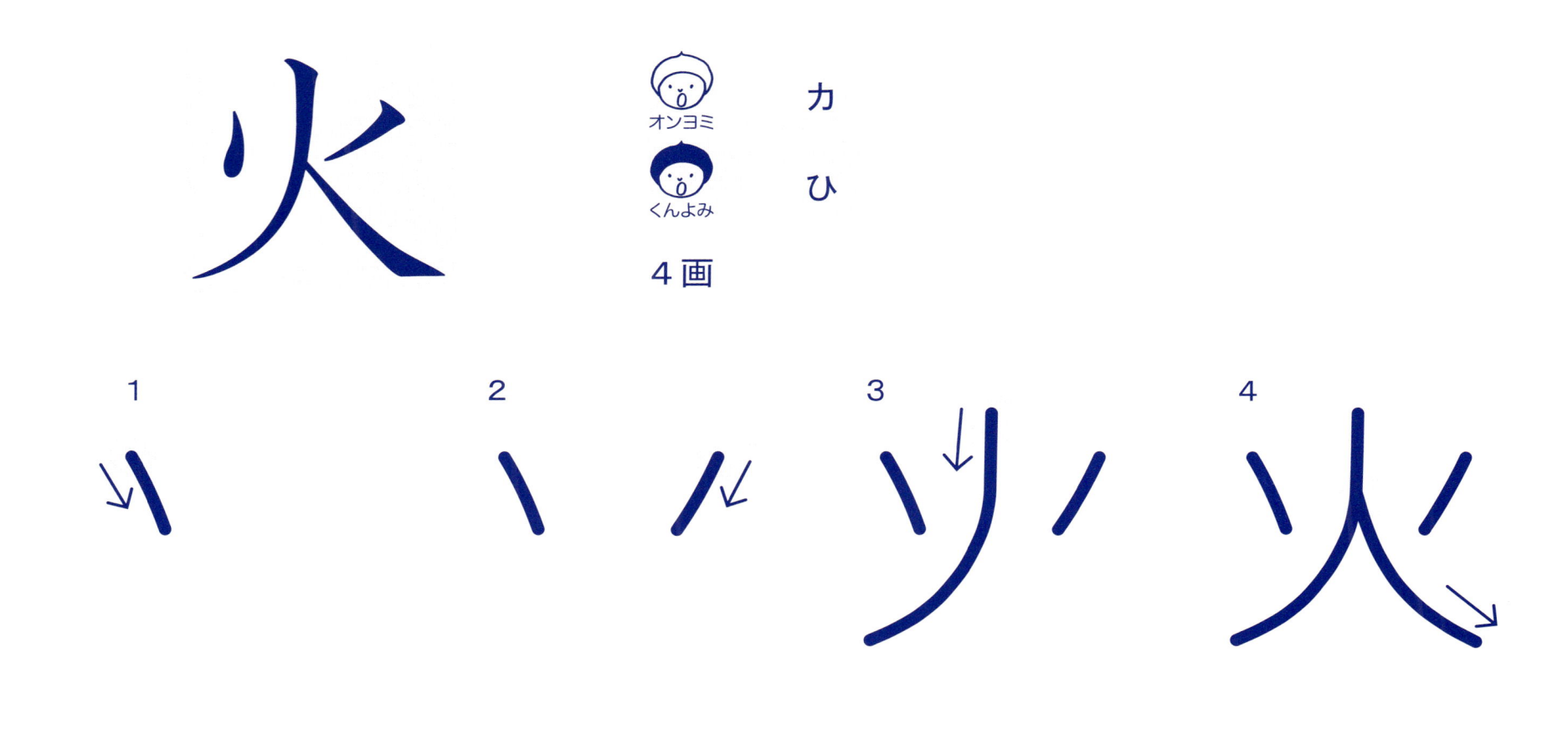

火　オンヨミ　カ
　　くんよみ　ひ

4画

1　ヽ
2　ヽノ
3　ツノ
4　火

まめちしき　花と 火で 花火　火と 花で 火花と よむ

水を　ゴクゴク　飲んだ　水曜日

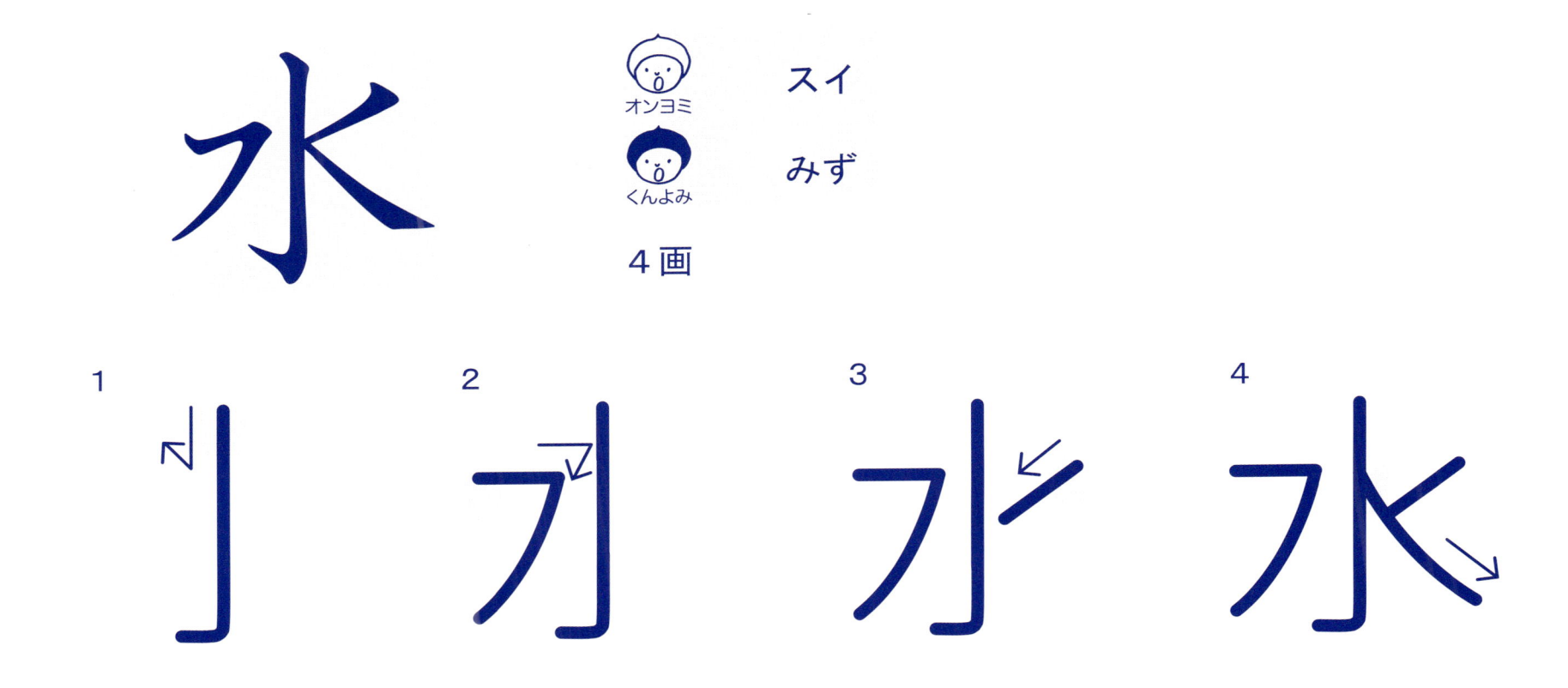

水

オンヨミ　スイ

くんよみ　みず

4画

1　2　3　4

　まめちしき

水の　上で　水上と　よむ

43

木<ruby>き<rt></rt></ruby>の　下<ruby>した<rt></rt></ruby>で　グーグー　ねむった　木曜日<ruby>もくようび<rt></rt></ruby>

木

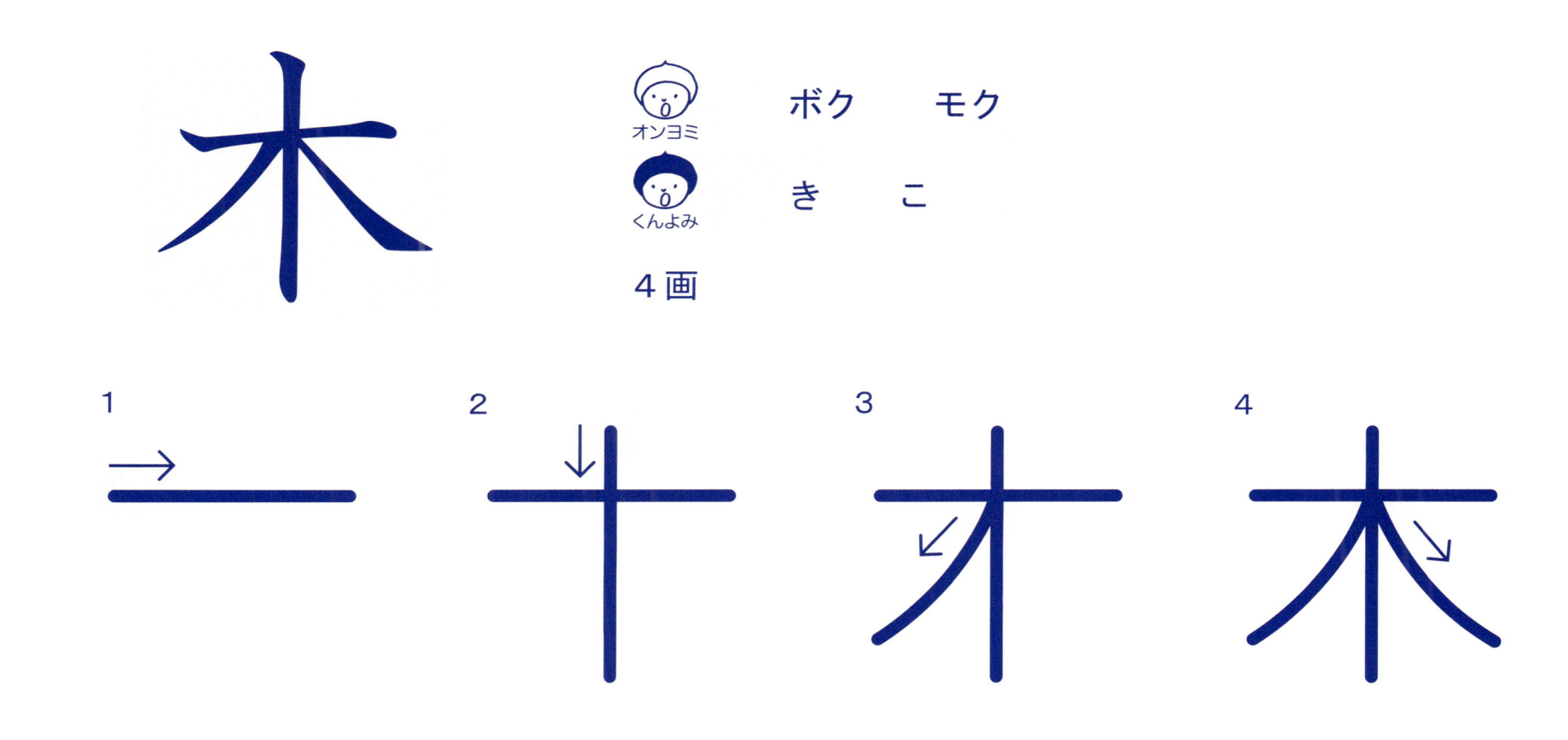

オンヨミ ボク モク

くんよみ き こ

4画

1 → 一
2 ↓ 十
3 ↙ 才
4 ↘ 木

 まめちしき

大きな 木で 大木と よむ

45

ピカピカの　お金（かね）を　見（み）つけた　金曜日（きんようび）

金

オンヨミ　キン　コン

くんよみ　かね　かな

8画

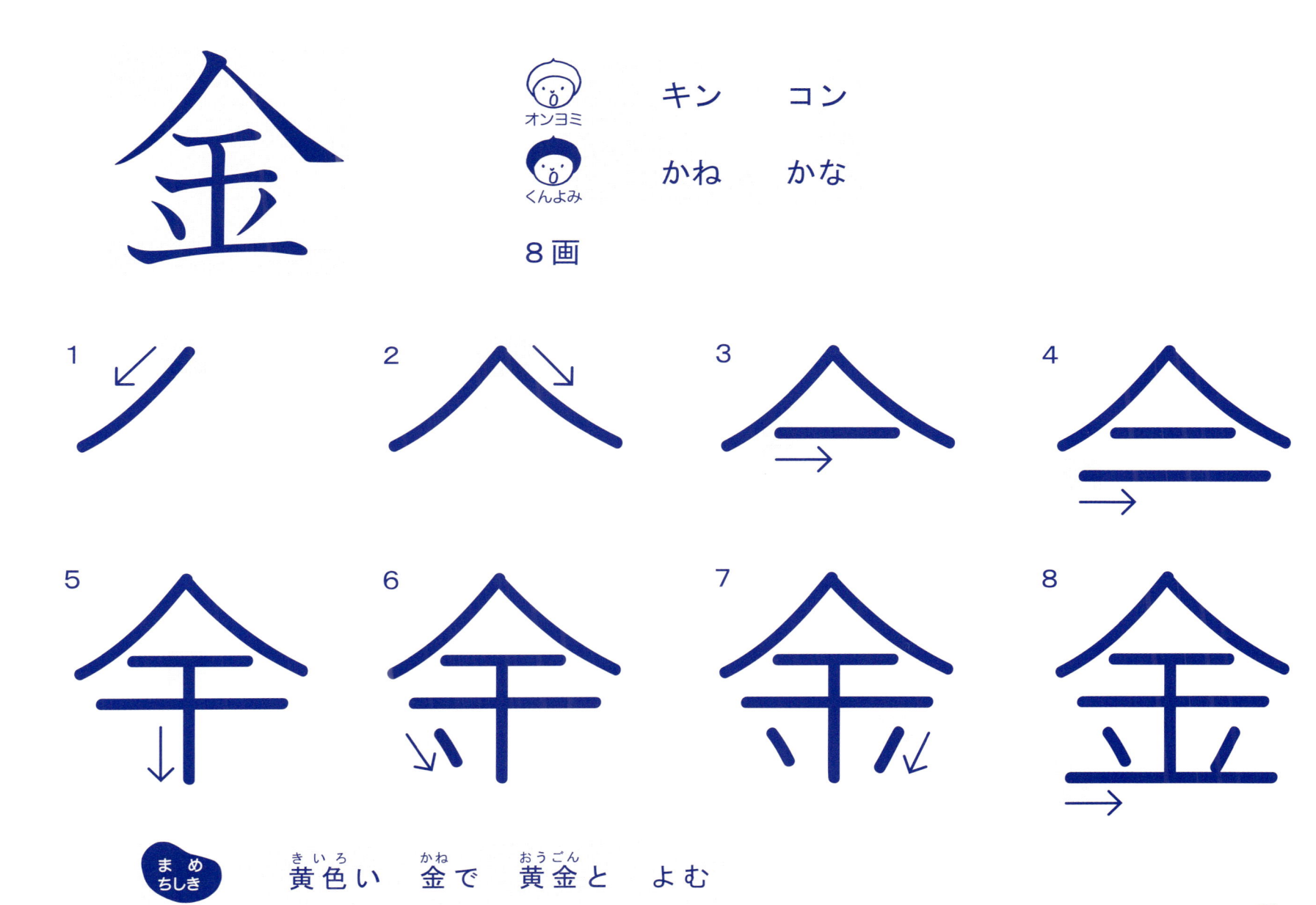

まめちしき　黄色い 金で 黄金と よむ

土から めが 出た ポカポカ 土曜日

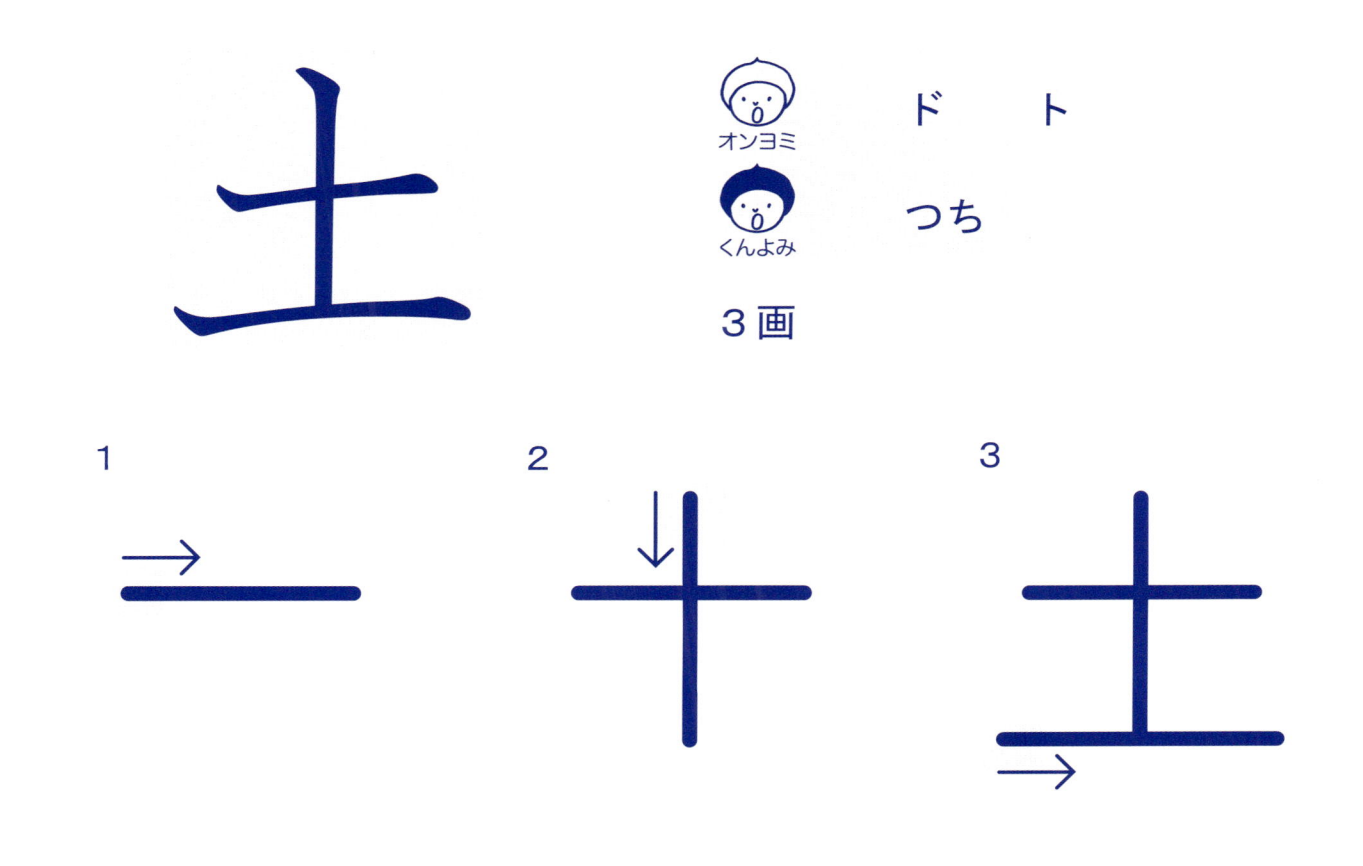

オンヨミ　ド　ト

くんよみ　つち

3画

1 →

2 ↓

3 →

 まめ ちしき　土と　手で　土手と　よむ

木の　上で　ねこが　ニャア　屋上で　カラスが　カー

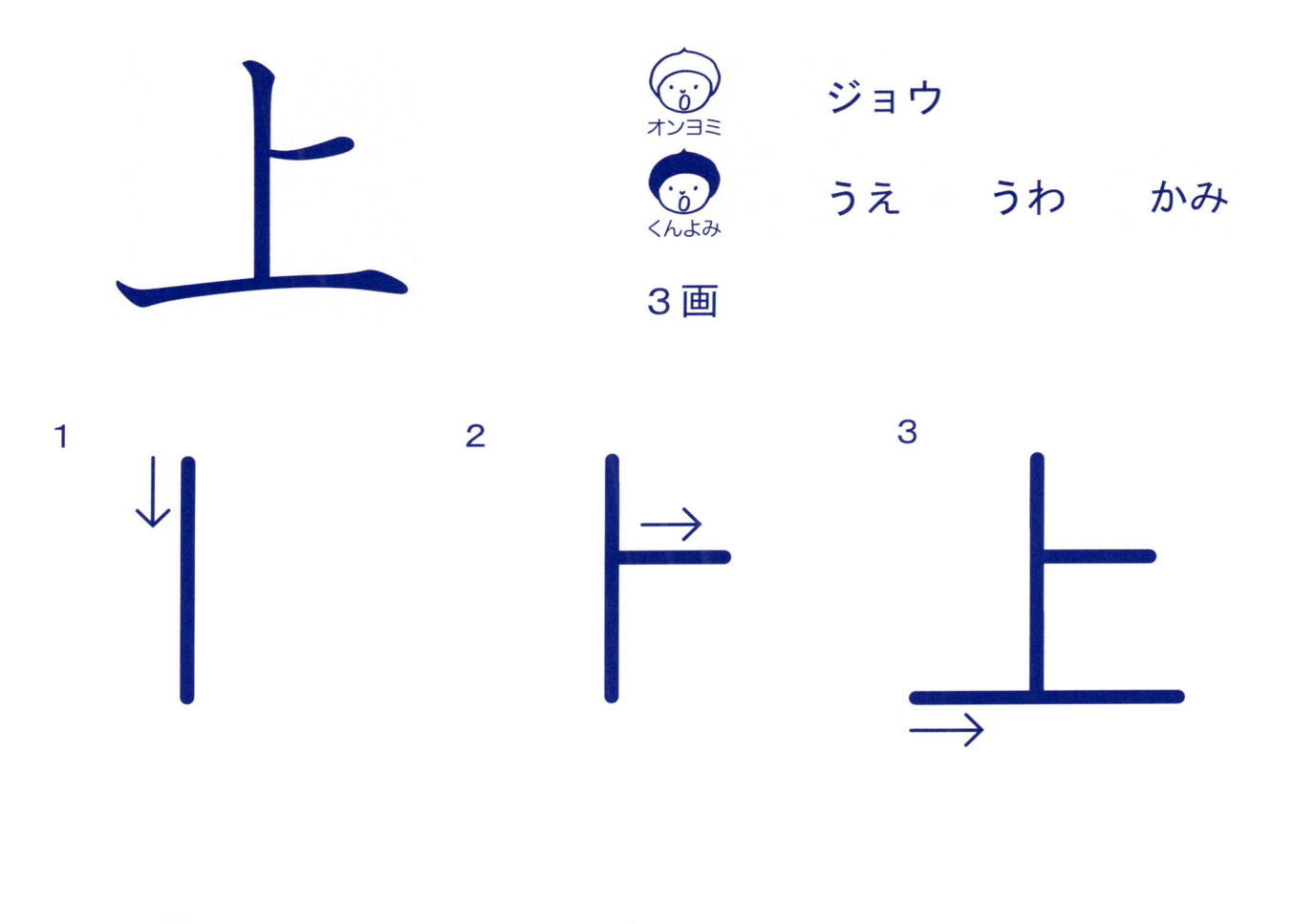

上

オンヨミ　ジョウ

くんよみ　うえ　うわ　かみ

3画

1　↓

2　├→

3　上　→

まめちしき　上（のぼ）るや　上（あ）がるとも　よむ　　上（のぼ）り坂（ざか）を　上（あ）がる

つくえの　下（した）で　いぬが　ワン　地下室（ちかしつ）で　ねずみが　チュー

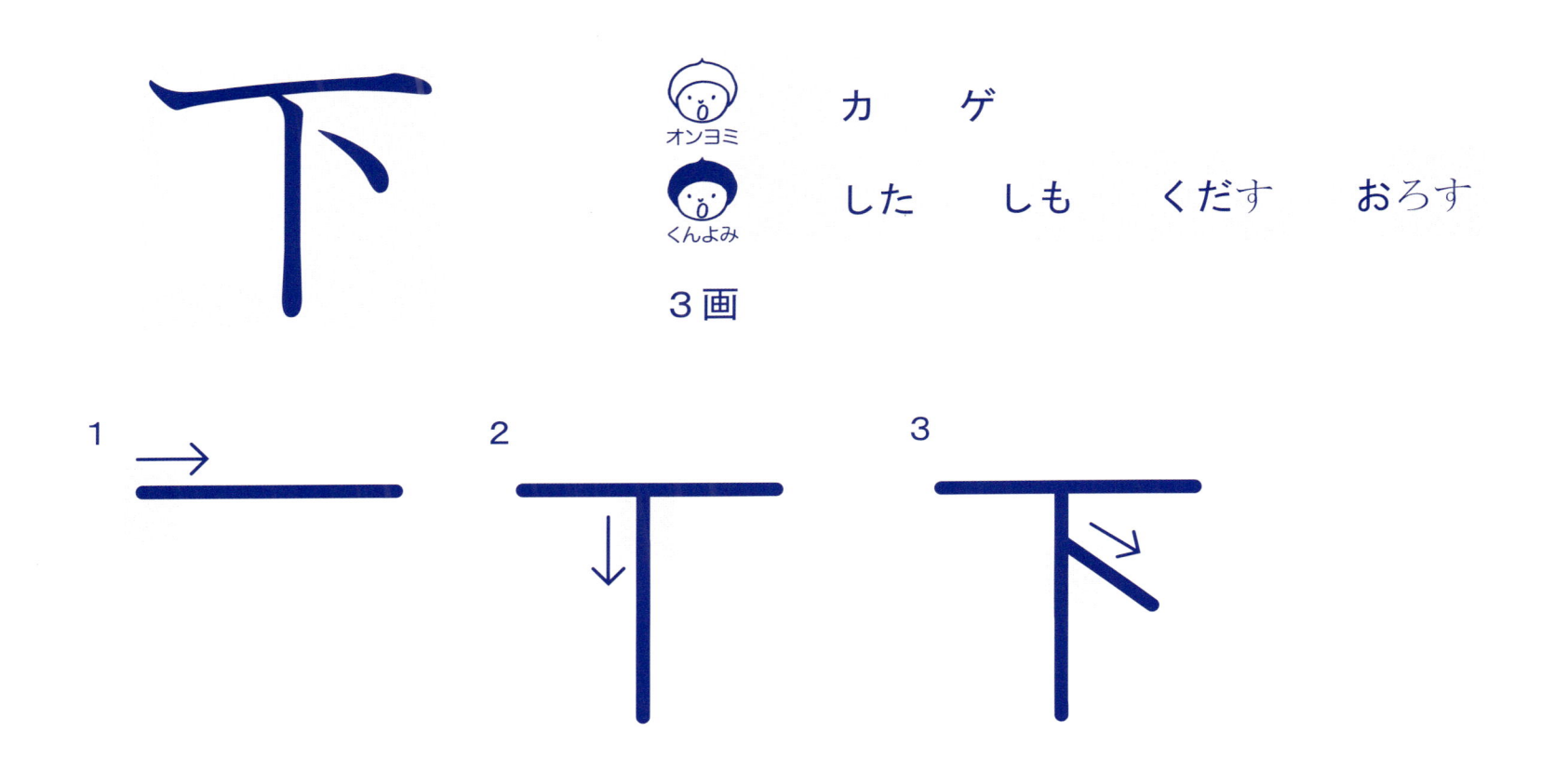

下

オンヨミ　カ　ゲ

くんよみ　した　しも　くだす　おろす

3画

1 →一

2 丁↓

3 下↘

まめちしき　下(くだ)るや　下(さ)がるとも　よむ　坂(さか)を　下(くだ)る

左手《ひだりて》に　はたを　持《も》って　左右《さゆう》に　ふろう

左

オンヨミ　サ

くんよみ　ひだり

5画

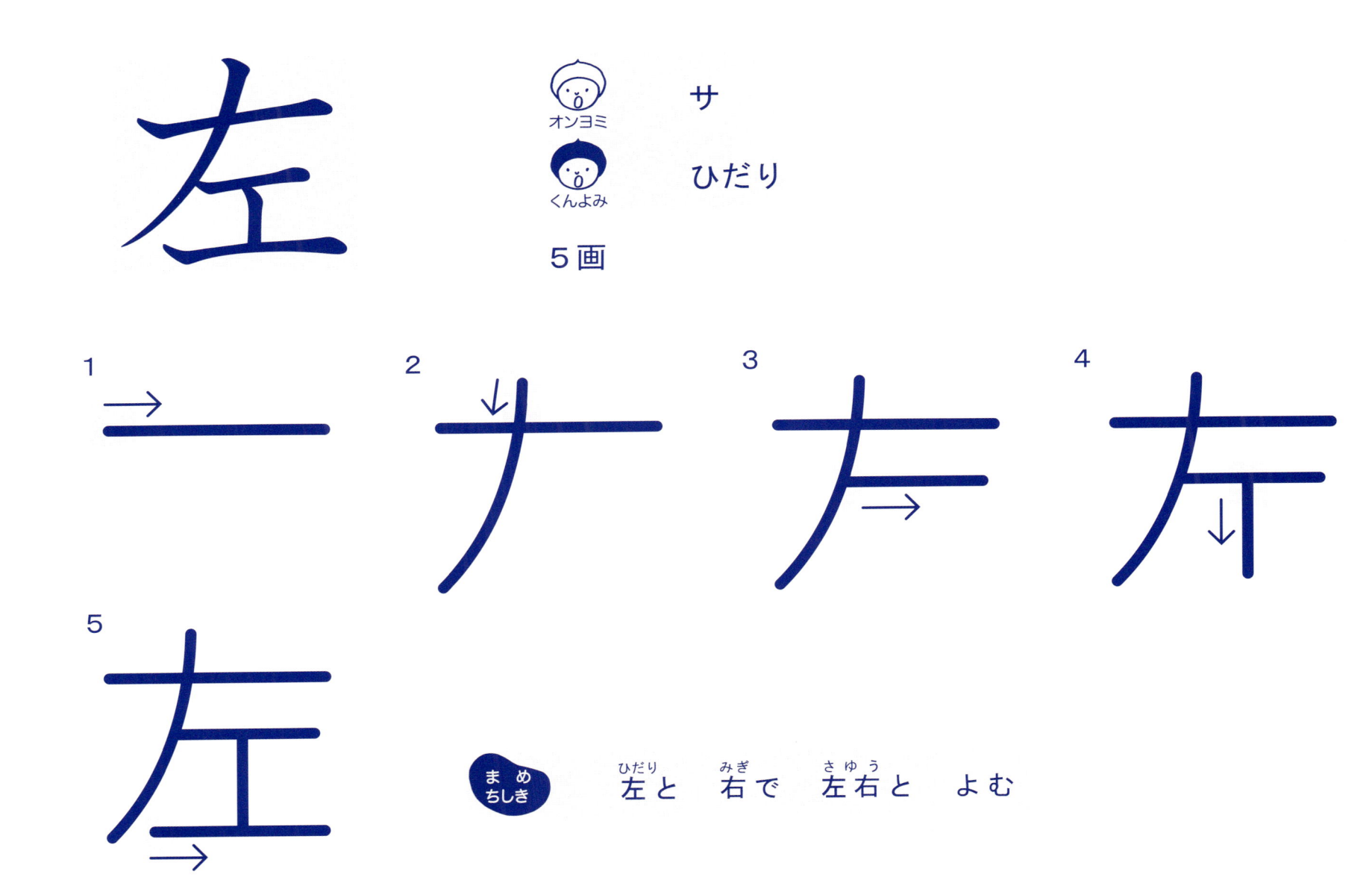

1 →
2 ↓
3 →
4 ↓
5 →

まめちしき　左と　右で　左右と　よむ

55

右手を　上げて　右せつ　しましょう

右

オンヨミ　ウ　ユウ

くんよみ　みぎ

５画

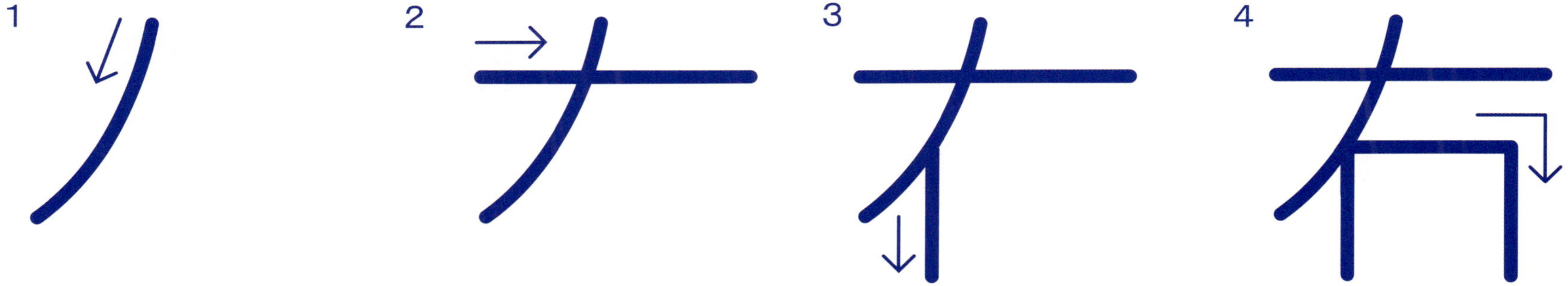

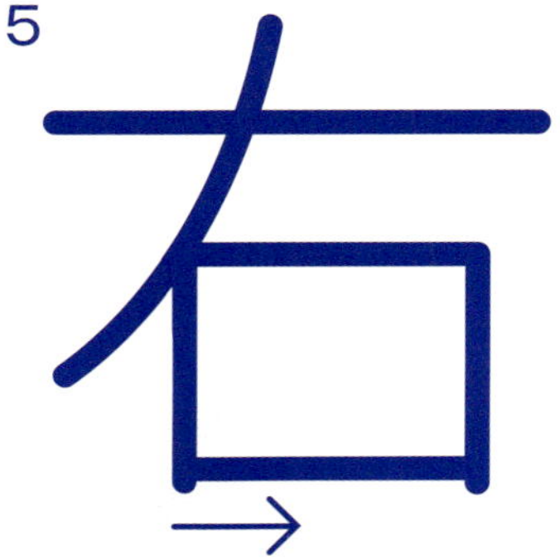

まめちしき

左(ひだり)は　横線(よこせん)から　右(みぎ)は　カタカナの

「ノ」から　書(か)き始(はじ)める

大（おお）きい　ベッドで　大（だい）の　字（じ）に　なって　ねた

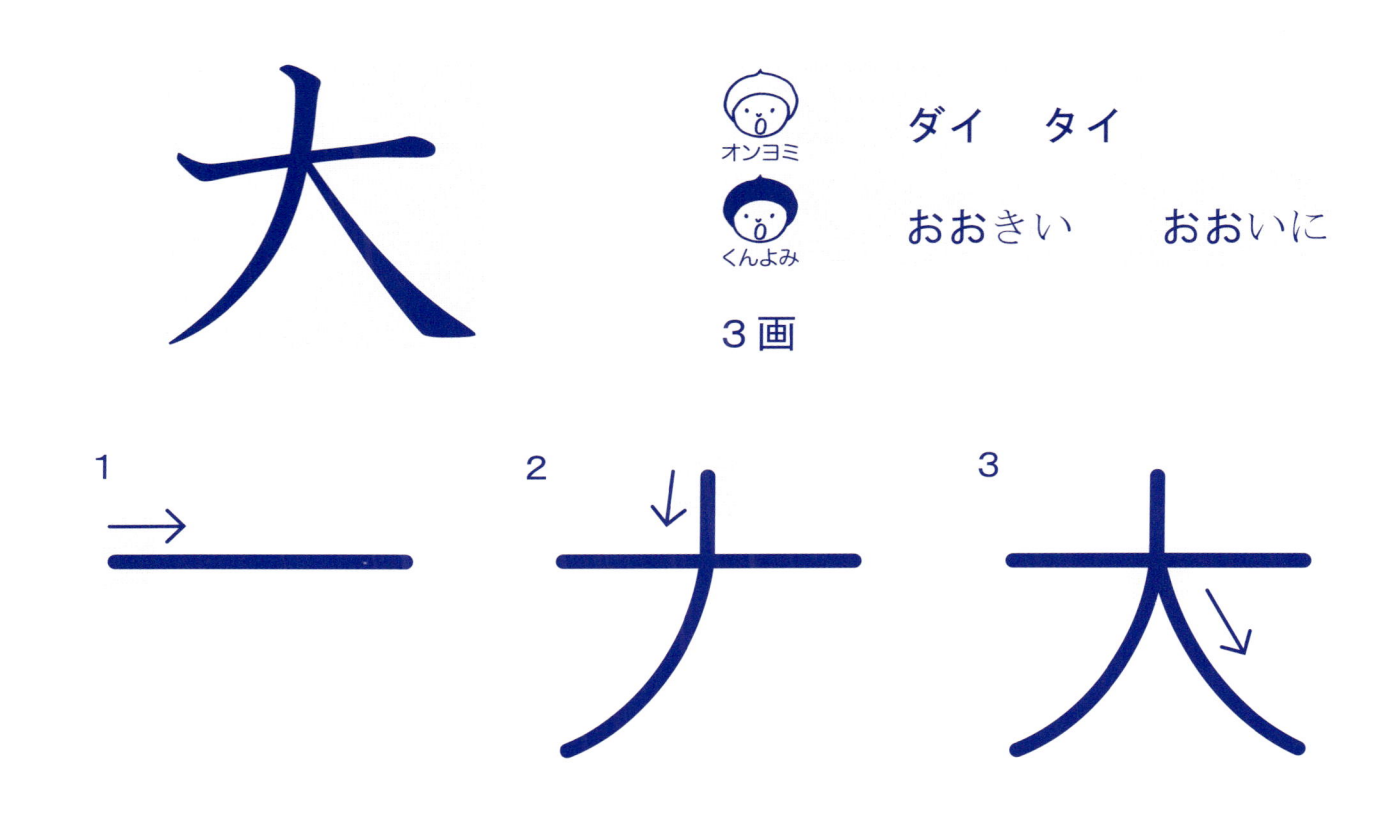

大

1 → 一
2 ↓ ナ
3 大 ↓

 まめ
ちしき 大きいと　人で　大人と　よむ

部屋の　真ん中で　ねて　いるのは　中学生

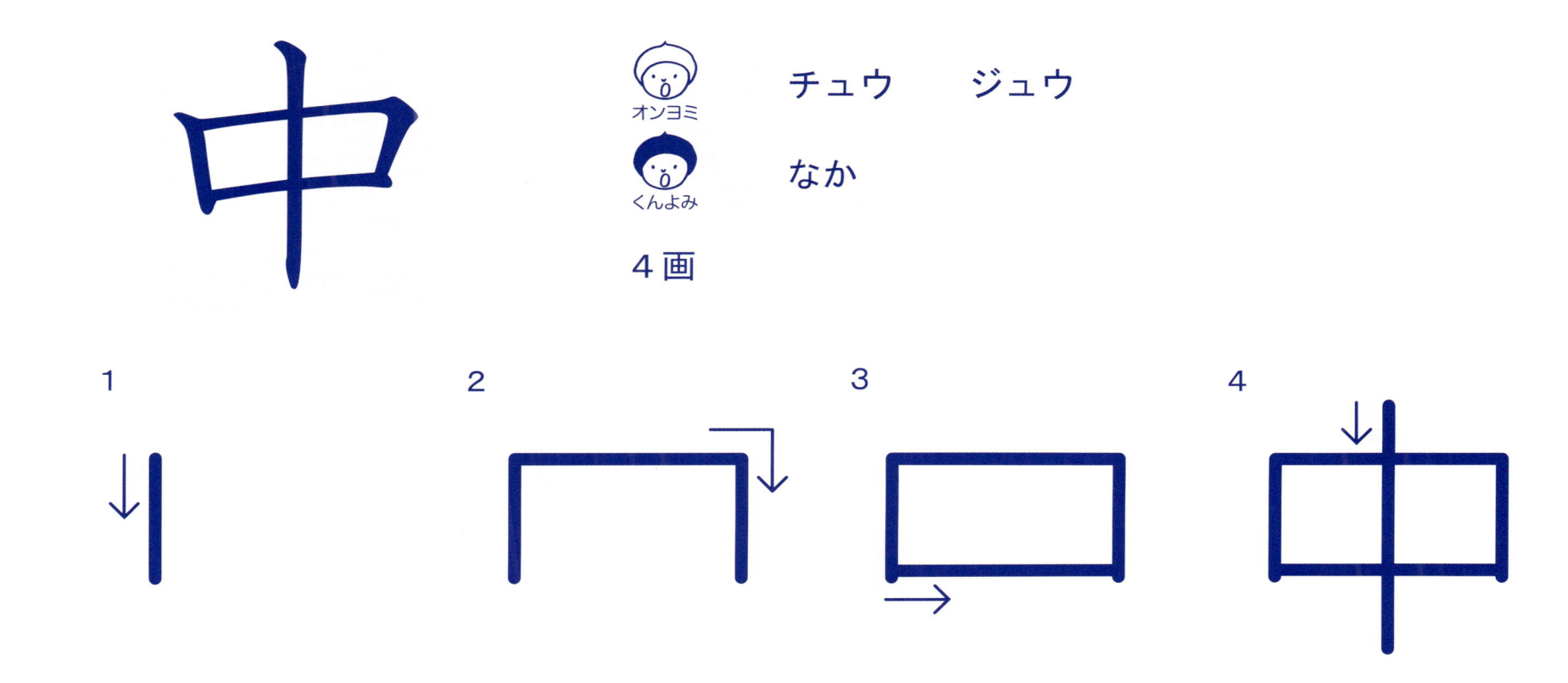

オンヨミ チュウ　ジュウ

くんよみ なか

4画

1 2 3 4

 まめ
ちしき

中と　心で　中心と　よむ

小人の　くつは　小さいね

小

オンヨミ　ショウ

くんよみ　ちいさい　こ　お

3画

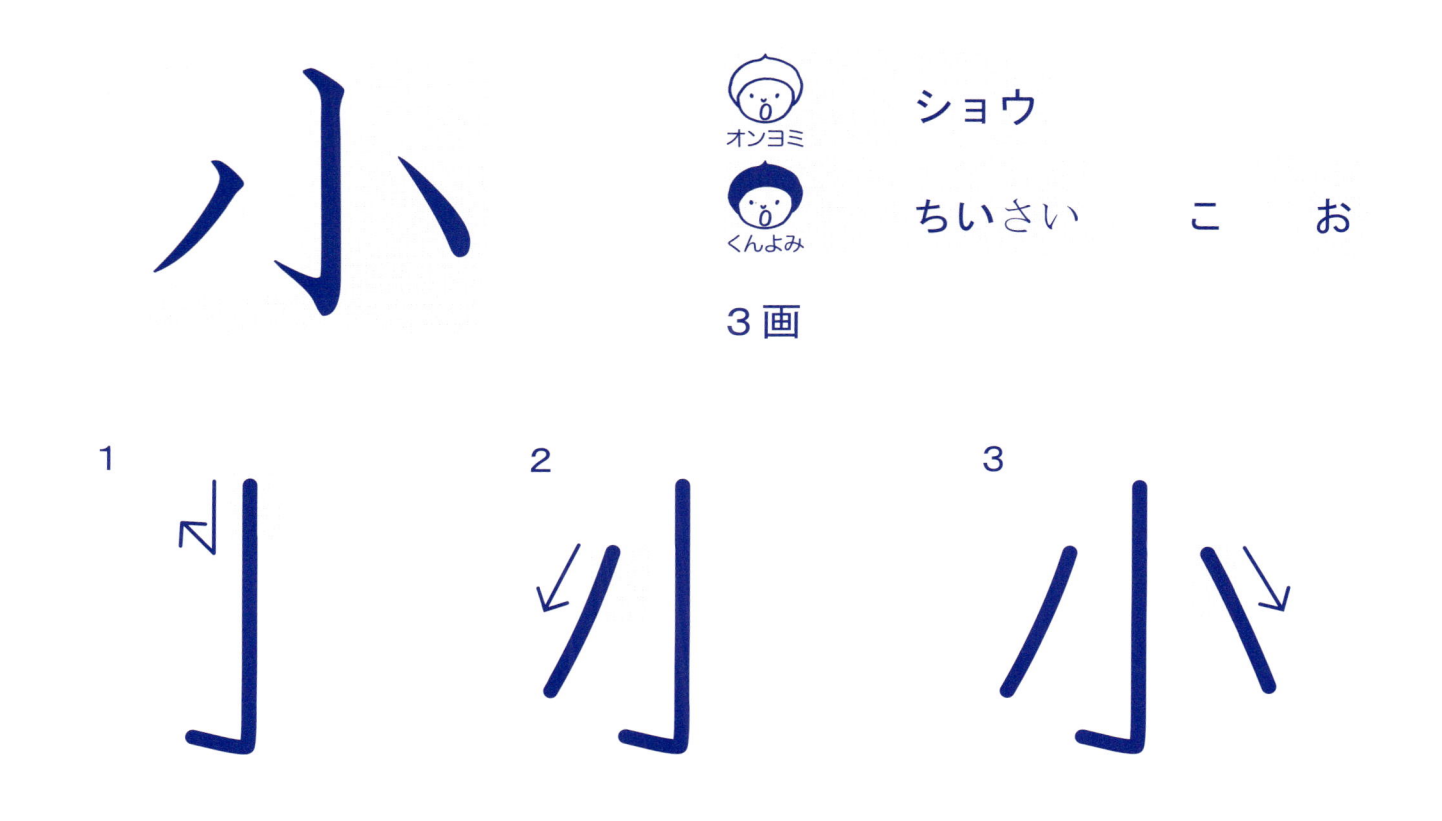

1　2　3

 小さな 川で 小川と よむ

63

<ruby>目<rt>もく</rt>的<rt>てき</rt>地<rt>ち</rt></ruby>は　<ruby>目<rt>め</rt></ruby>と<ruby>鼻<rt>はな</rt></ruby>の　<ruby>先<rt>さき</rt></ruby>だ

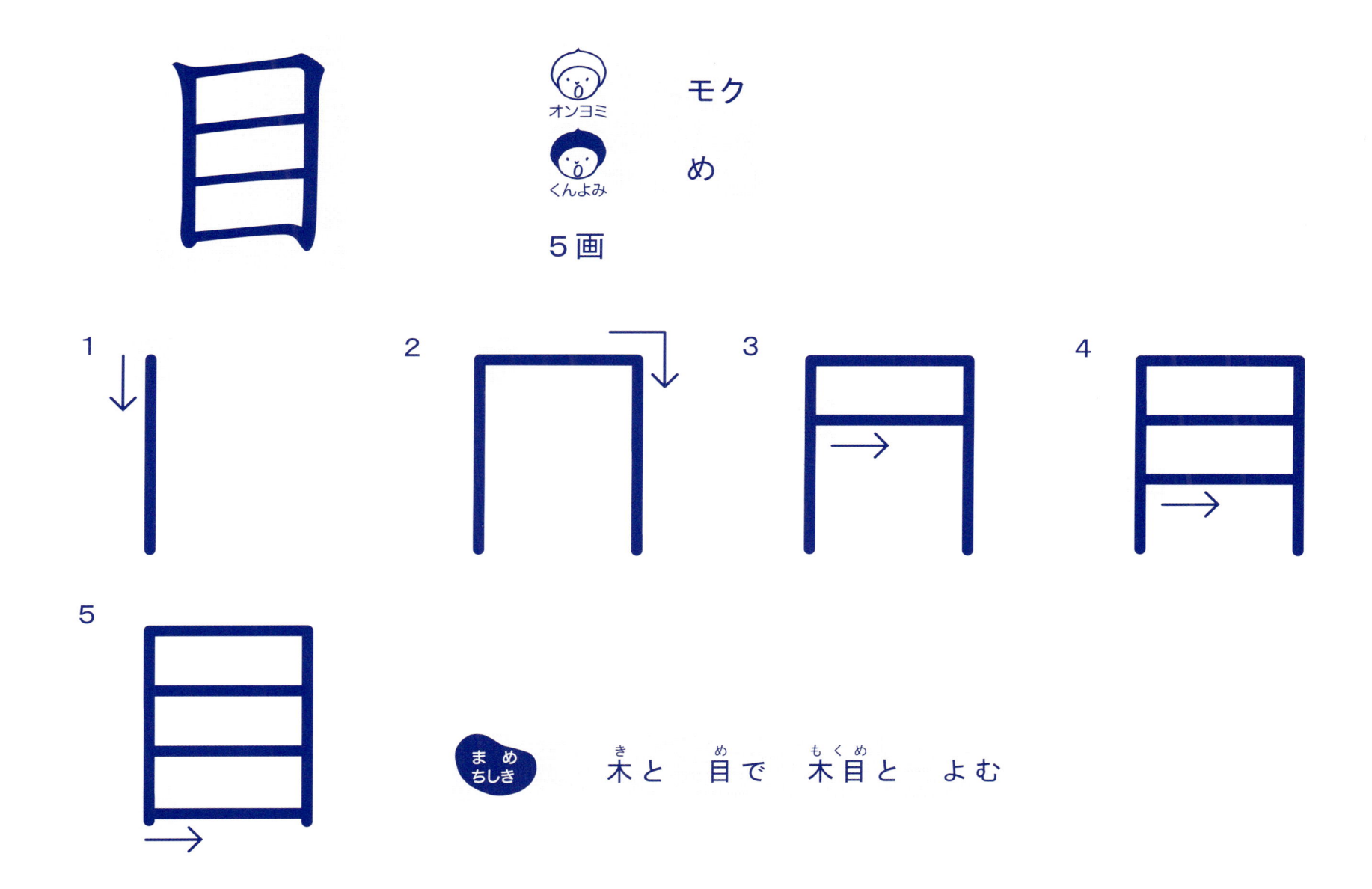

オンヨミ　モク

くんよみ　め

5画

まめちしき　木と　目で　木目と　よむ

お口<ruby>口<rt>くち</rt></ruby>を　とじて　お<ruby>利口<rt>りこう</rt></ruby>さんに　できるかな？

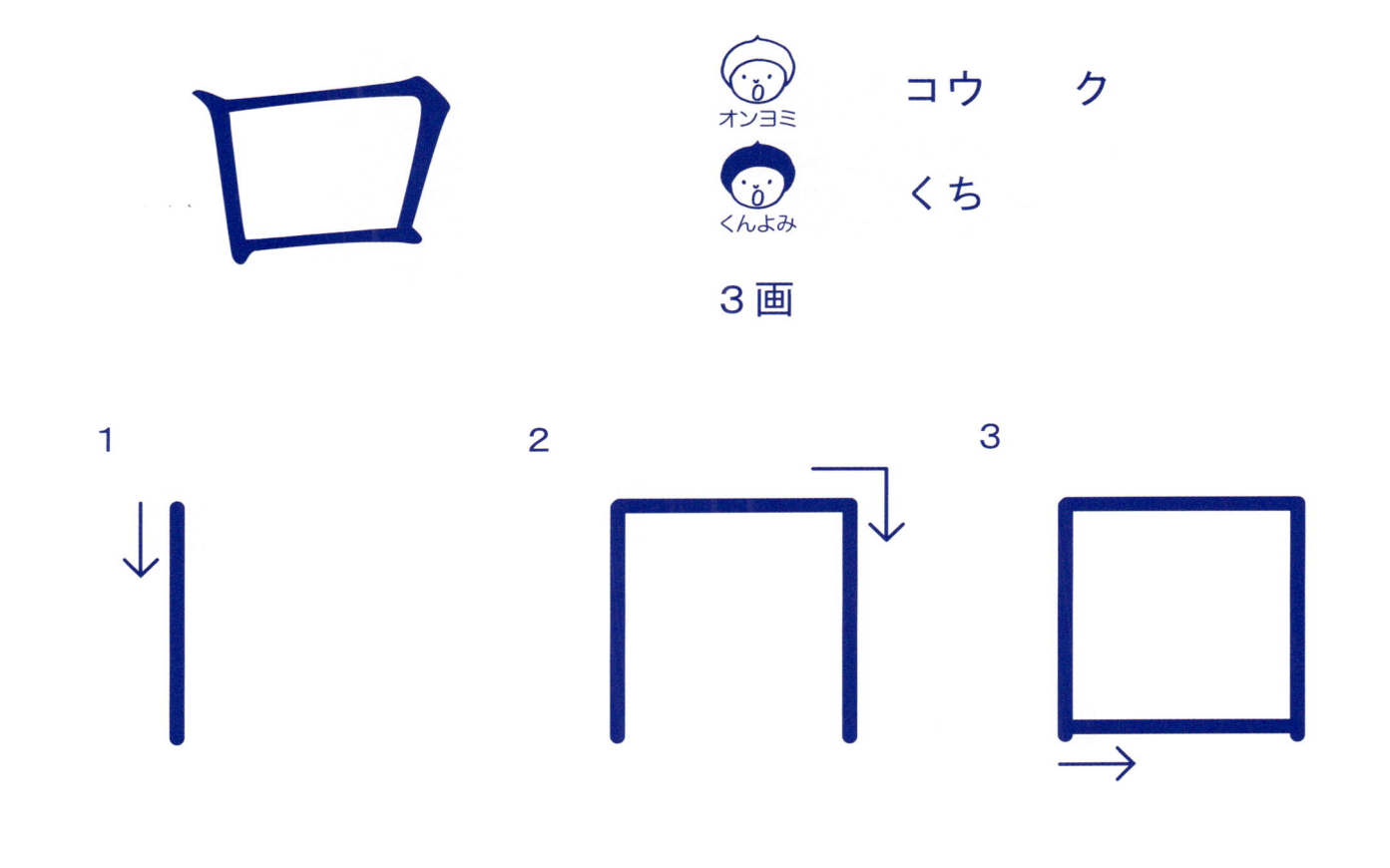

オンヨミ　コウ　ク

くんよみ　くち

3画

1　2　3

まめちしき　人と　口で　人口と　よむ

耳（みみ）の　大（おお）きな　耳鼻科（じびか）の　先生（せんせい）

耳

オンヨミ　ジ

くんよみ　みみ

6画

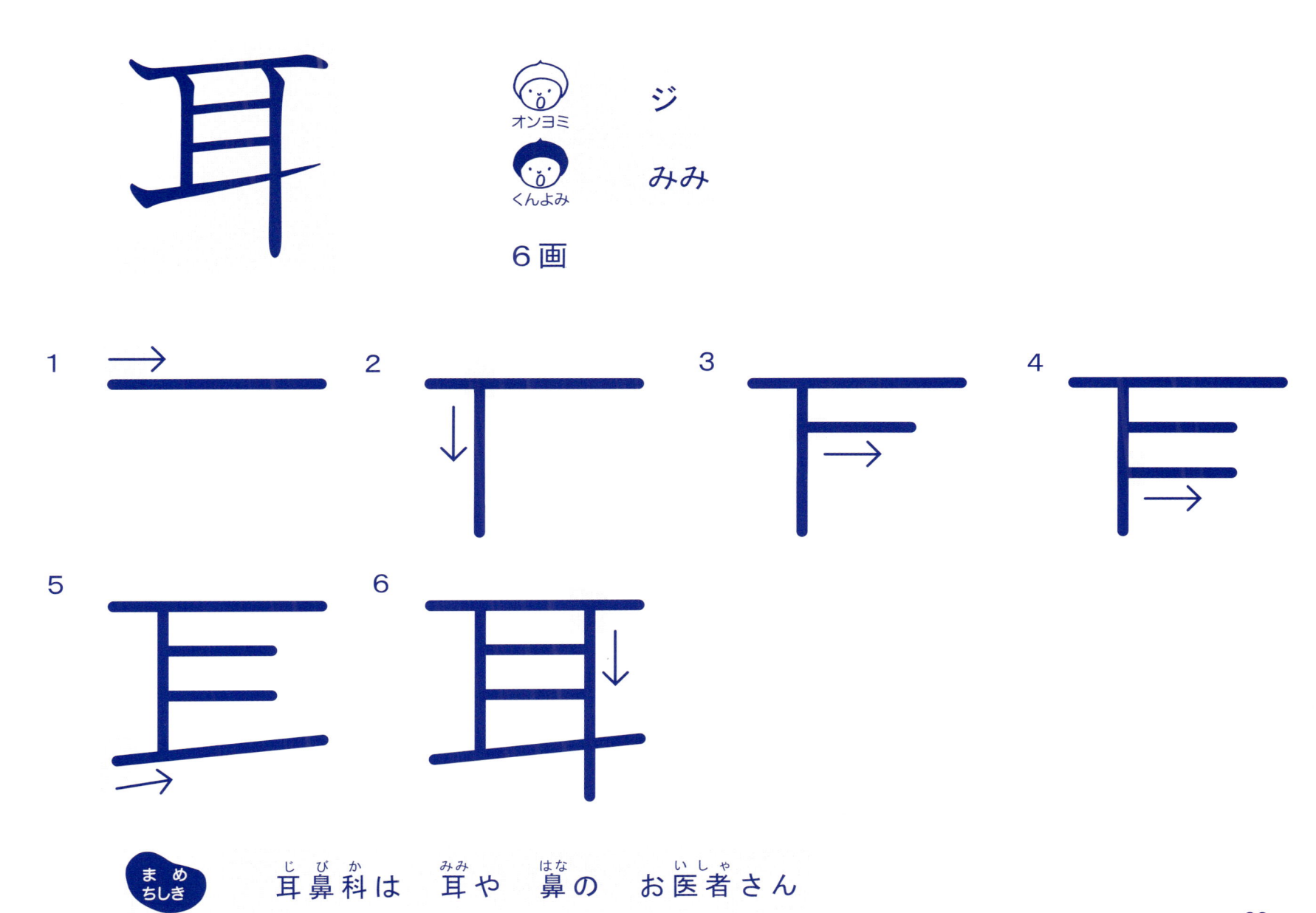

1 →　一
2 ↓　厂
3 →　下
4 →　下
5 →　耳
6 ↓　耳

まめちしき 耳鼻科は　耳や　鼻の　お医者さん

69

手と　手を　くんで　あく手　しよう

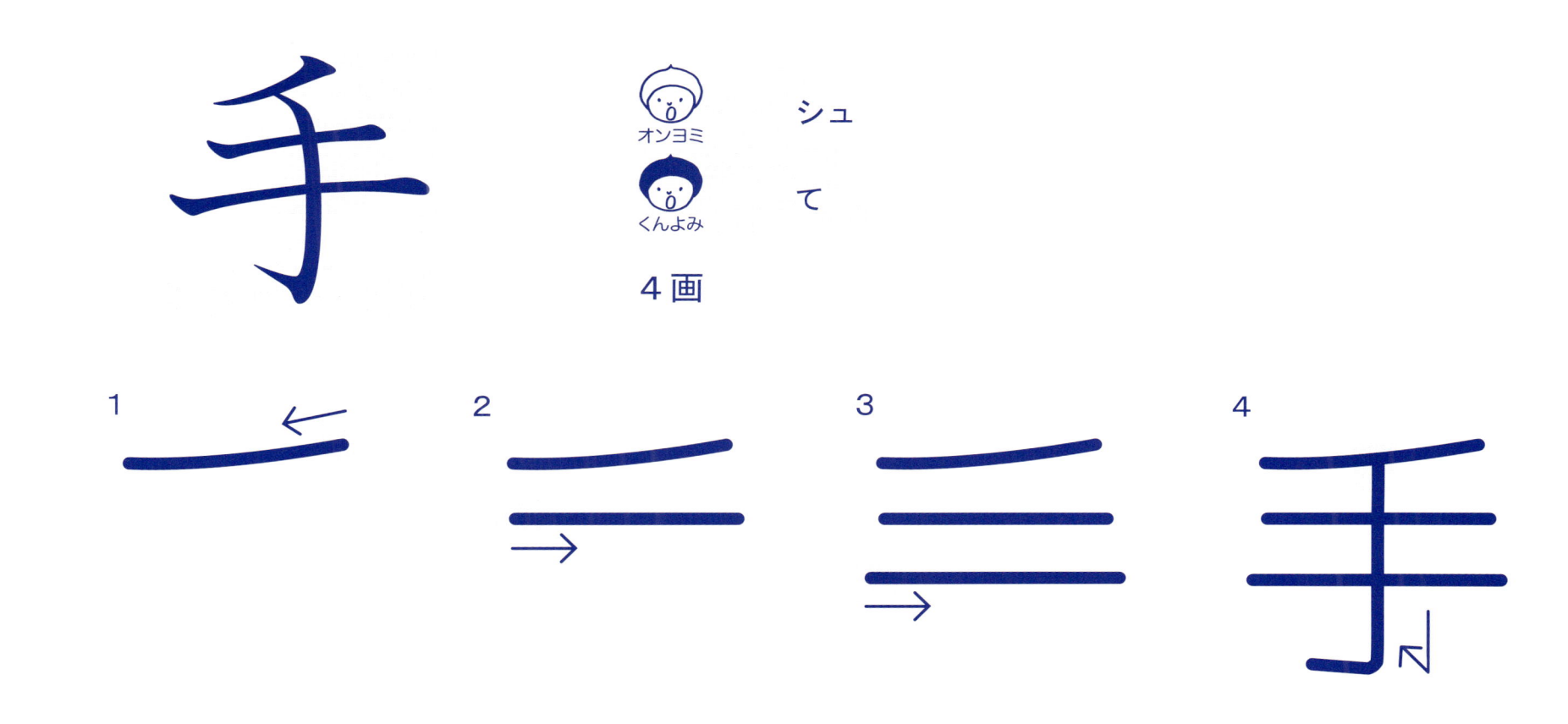

手

オンヨミ シュ

くんよみ て

4画

1 ← 一

2 = →

3 = →

4 手

 まめ ちしき 　上と　手で　上手　下と　手で　下手と　よむ

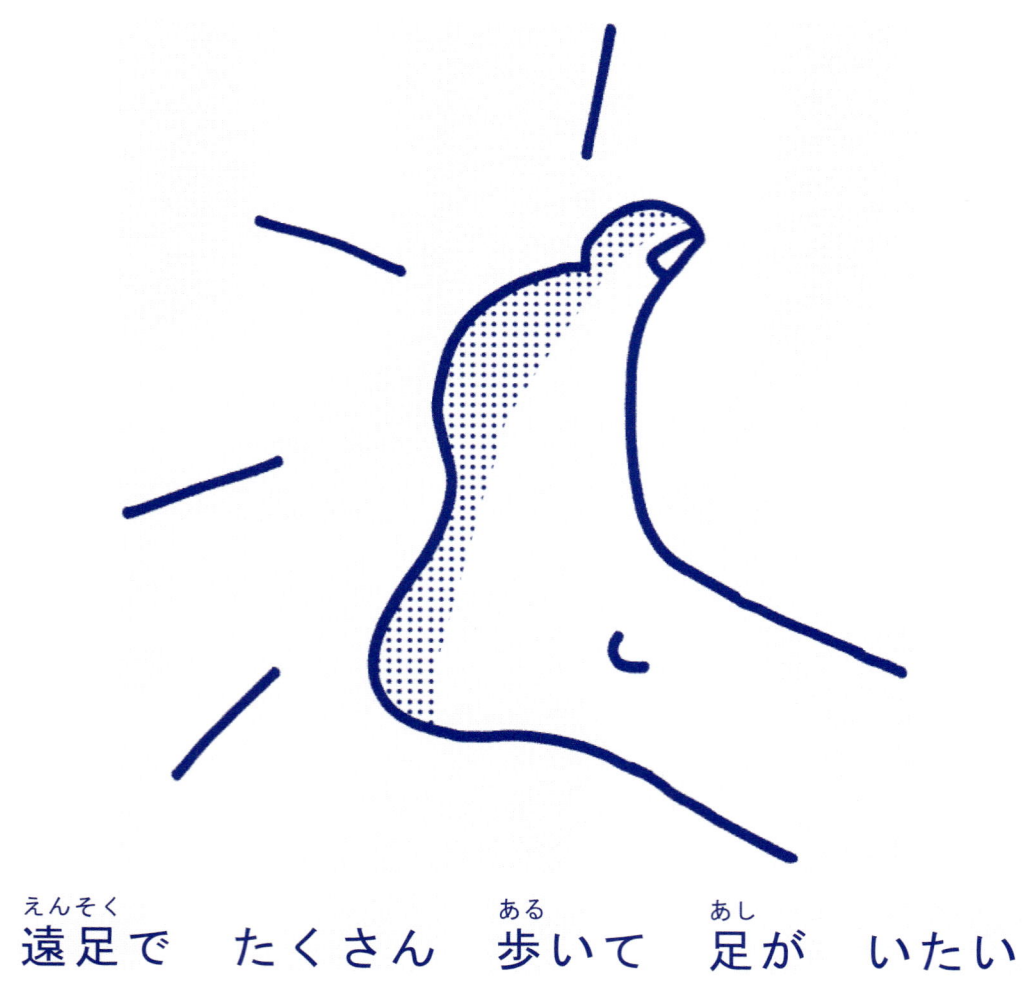

遠足で　たくさん　歩いて　足が　いたい

えんそく　　　　　　　　　ある　　　あし

足

オンヨミ　ソク

くんよみ　あし　たりる　たる　たす

7画

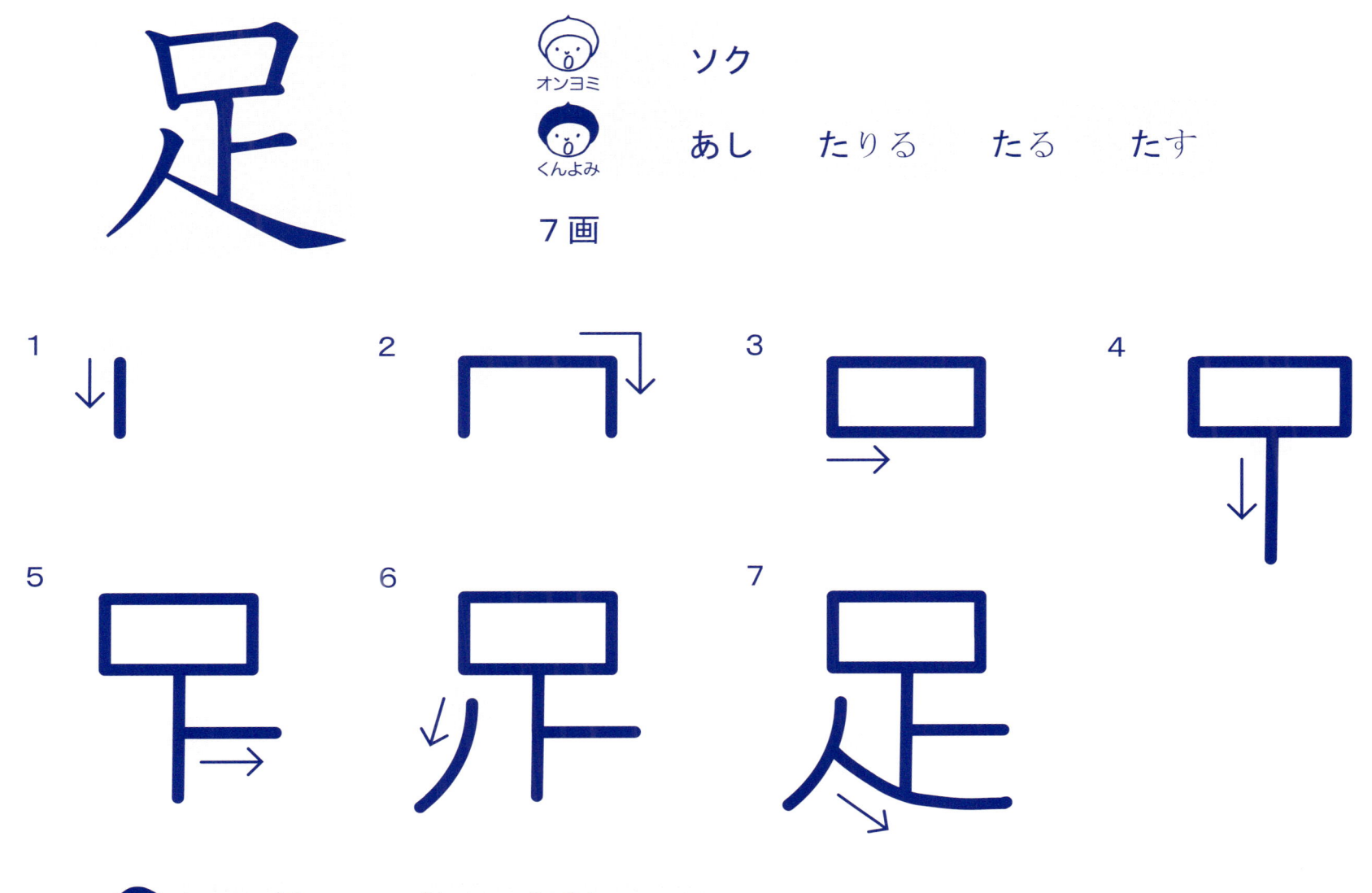

1
2
3
4
5
6
7

まめ
ちしき　遠いと　足で　遠足と　よむ

73

一人と　一ぴき　人間も　動物も　地球の　なかま

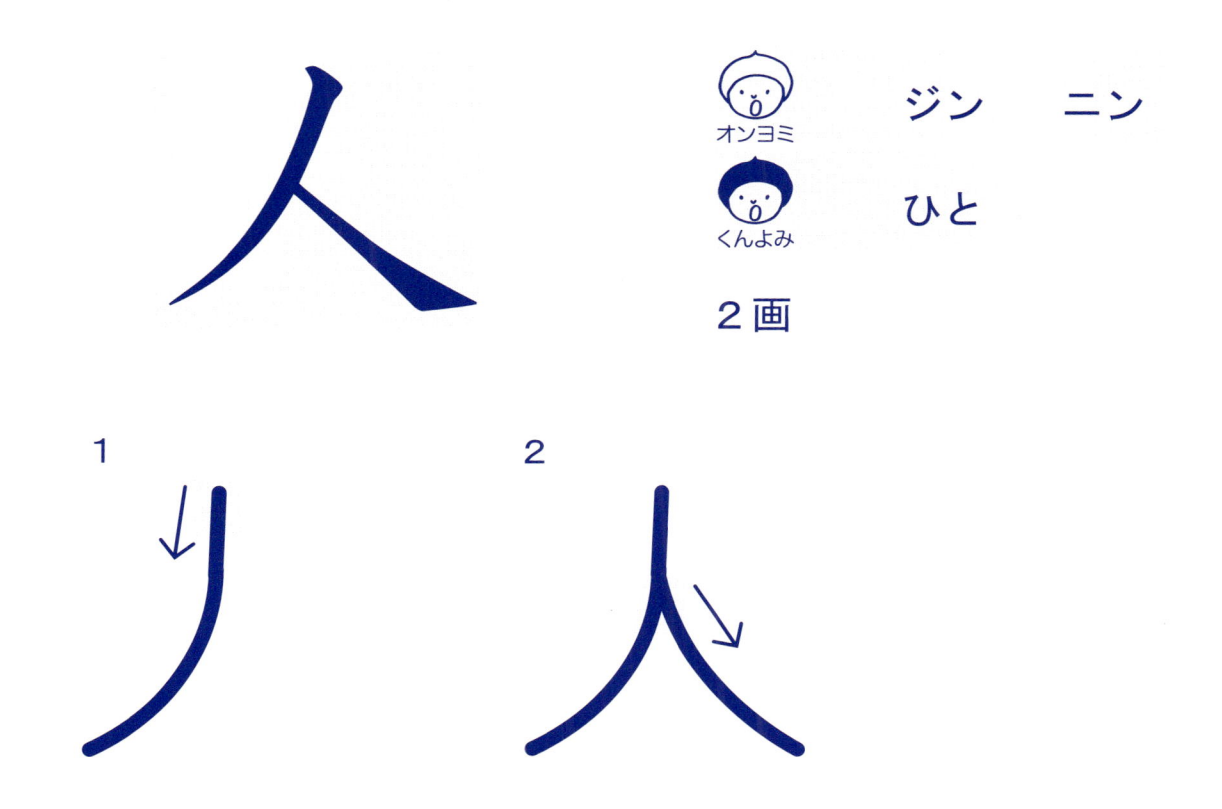

人

オンヨミ ジン　ニン

くんよみ ひと

2画

1
2

まめちしき

日にちの 日と 本と 人で 日本人と よむ

きゅうじつ　　　　　やす
休日には　休みましょう

休

キュウ

やすむ

6画

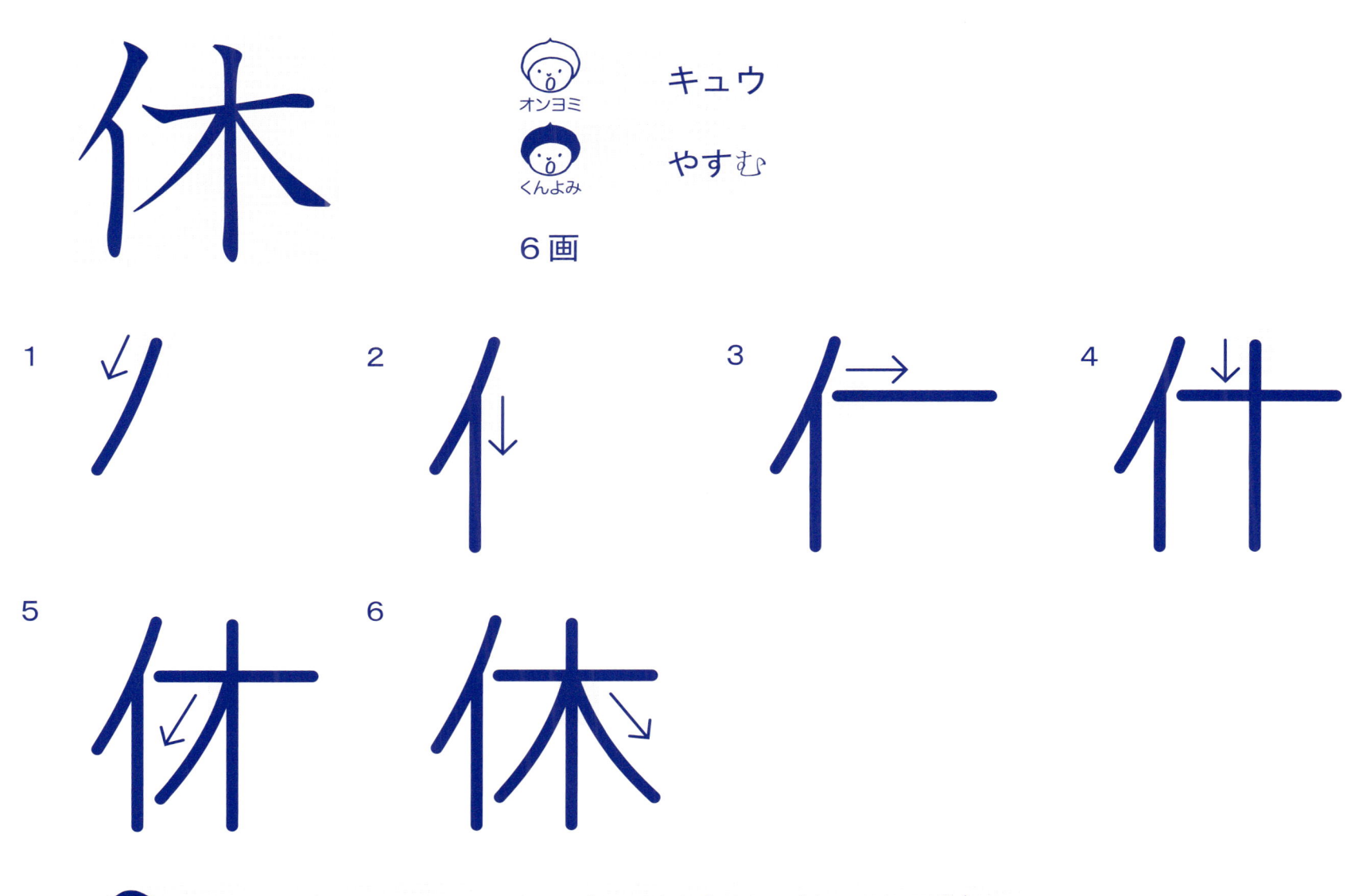

1 ／
2 イ
3 仁
4 什
5 休
6 休

まめちしき 人（にんべん）の 横に 木と 書いて 休む

優雅_{ゆうが}に 泳_{およ}ぐ 白_{しろ}い 鳥_{とり}は 白鳥_{はくちょう}です

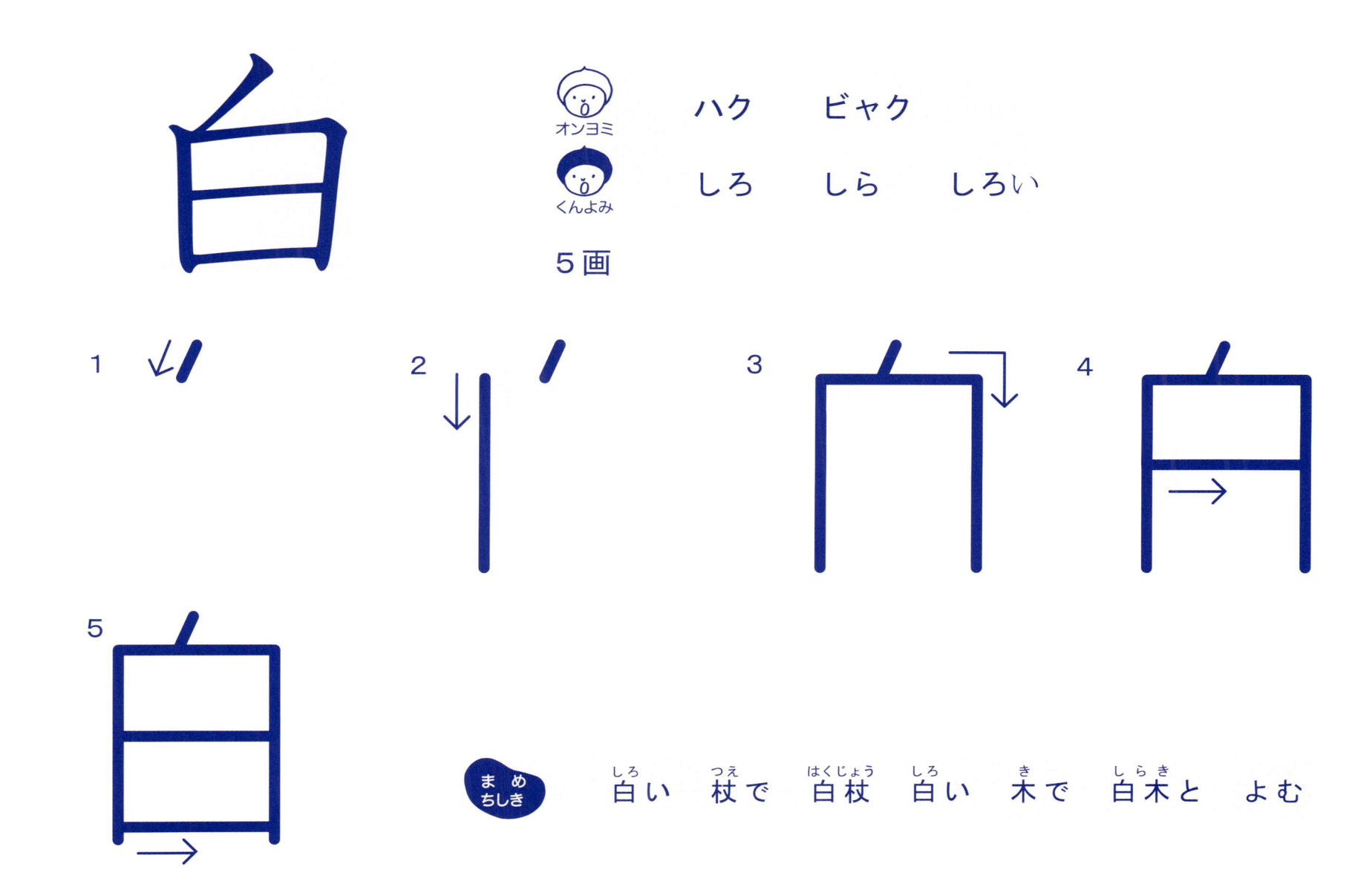

白

1

2

3

4

5

まめちしき　白い 杖で 白杖　白い 木で 白木と よむ

富士山は　日本で　一番　高い　山

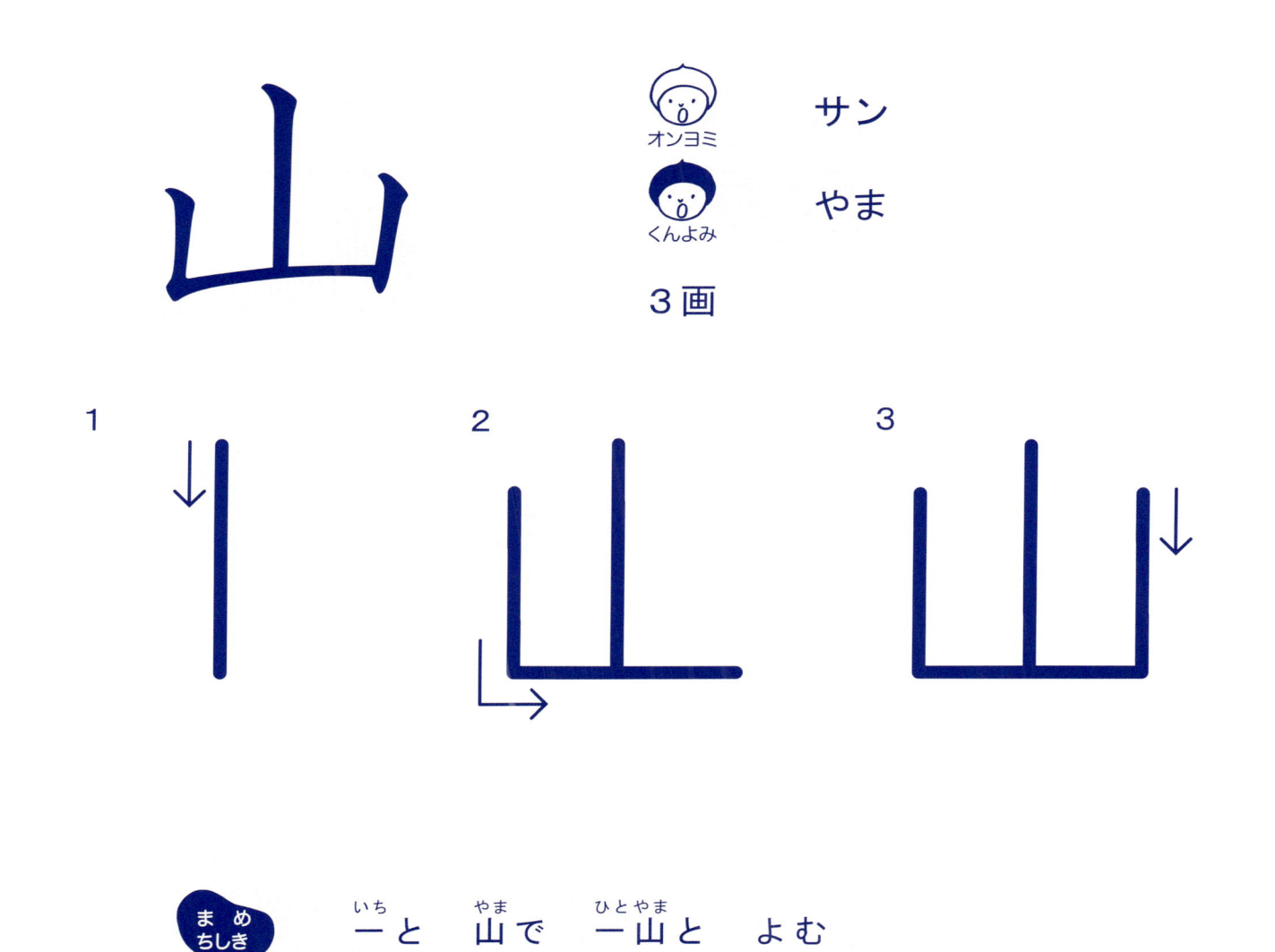

山

オンヨミ　サン

くんよみ　やま

3画

1

2

3

まめ
ちしき

いち
一と　山で　一山と　よむ
やま　　ひとやま

三人<ruby>で<rt></rt></ruby>　川<ruby>の<rt></rt></ruby>　字<ruby>に<rt></rt></ruby>　なって　川柳<ruby>を<rt></rt></ruby>　よんだ

川

3画

1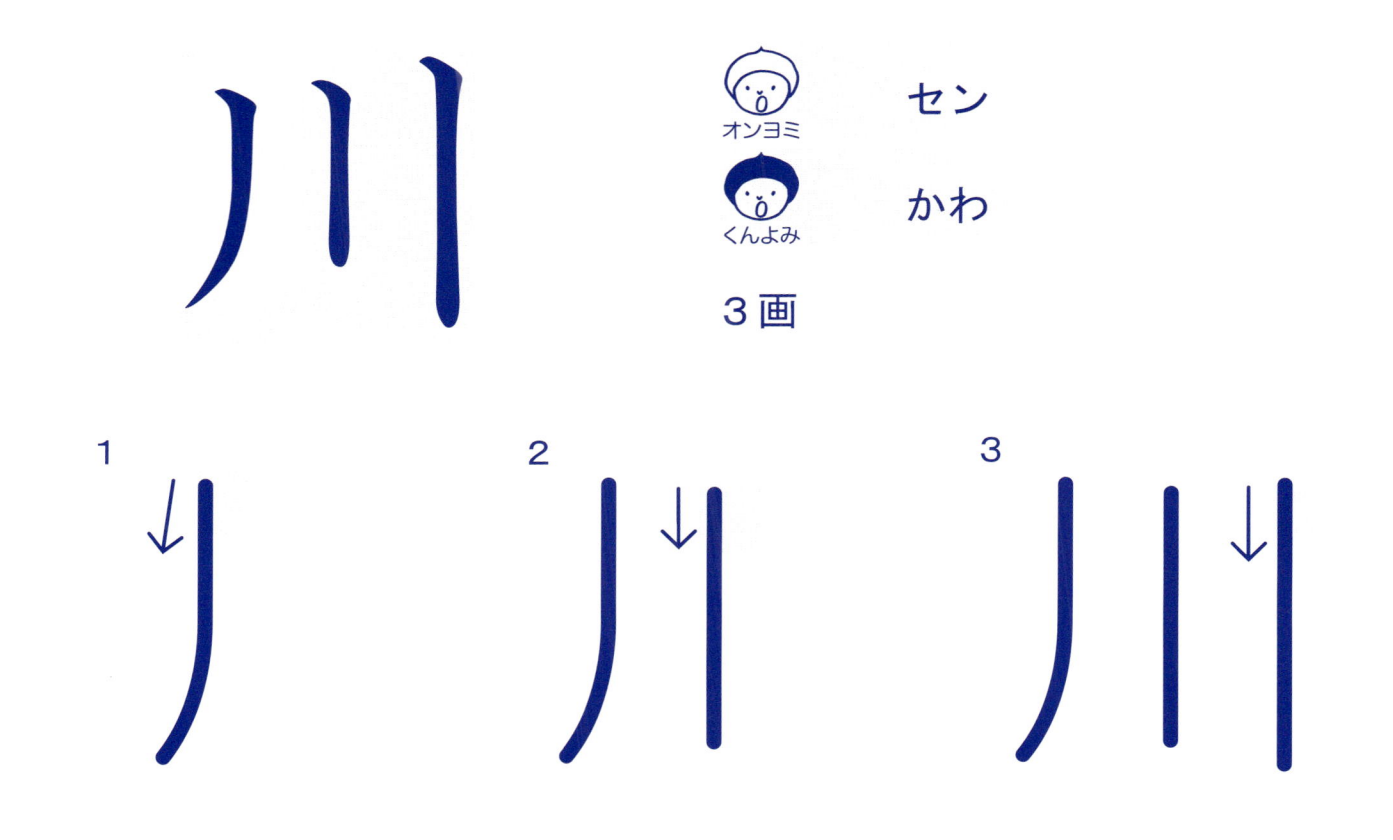

2

3

 まめ ちしき

川と 下で 川下と よむ

水田（すいでん）で　田植（たう）えを　して　いる　山田（やまだ）さん

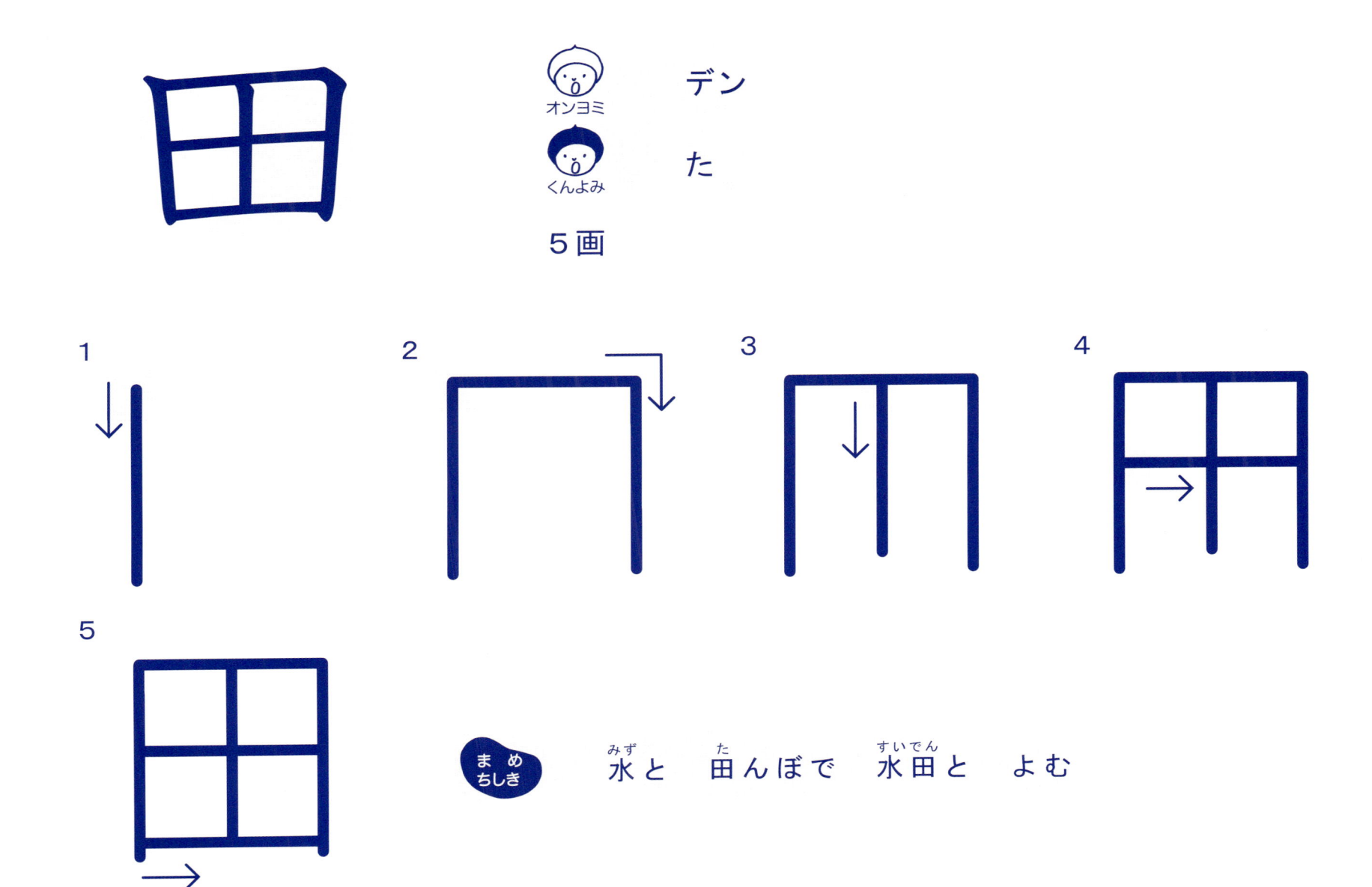

オンヨミ　デン

くんよみ　た

5画

1

2

3

4

5

まめちしき　水と　田んぼで　水田と　よむ

全力<ruby>ぜんりょく</ruby>を　つくして　石<ruby>いし</ruby>を　運<ruby>はこ</ruby>んだ　力持<ruby>ちからも</ruby>ち

力

1　　　　　2

まめちしき　水の　力は　水力　火の　力は　火力と　よむ

87

男女（だんじょ）で　じゃんけん　男（おとこ）の子（こ）は　白組（しろぐみ）だ！

男

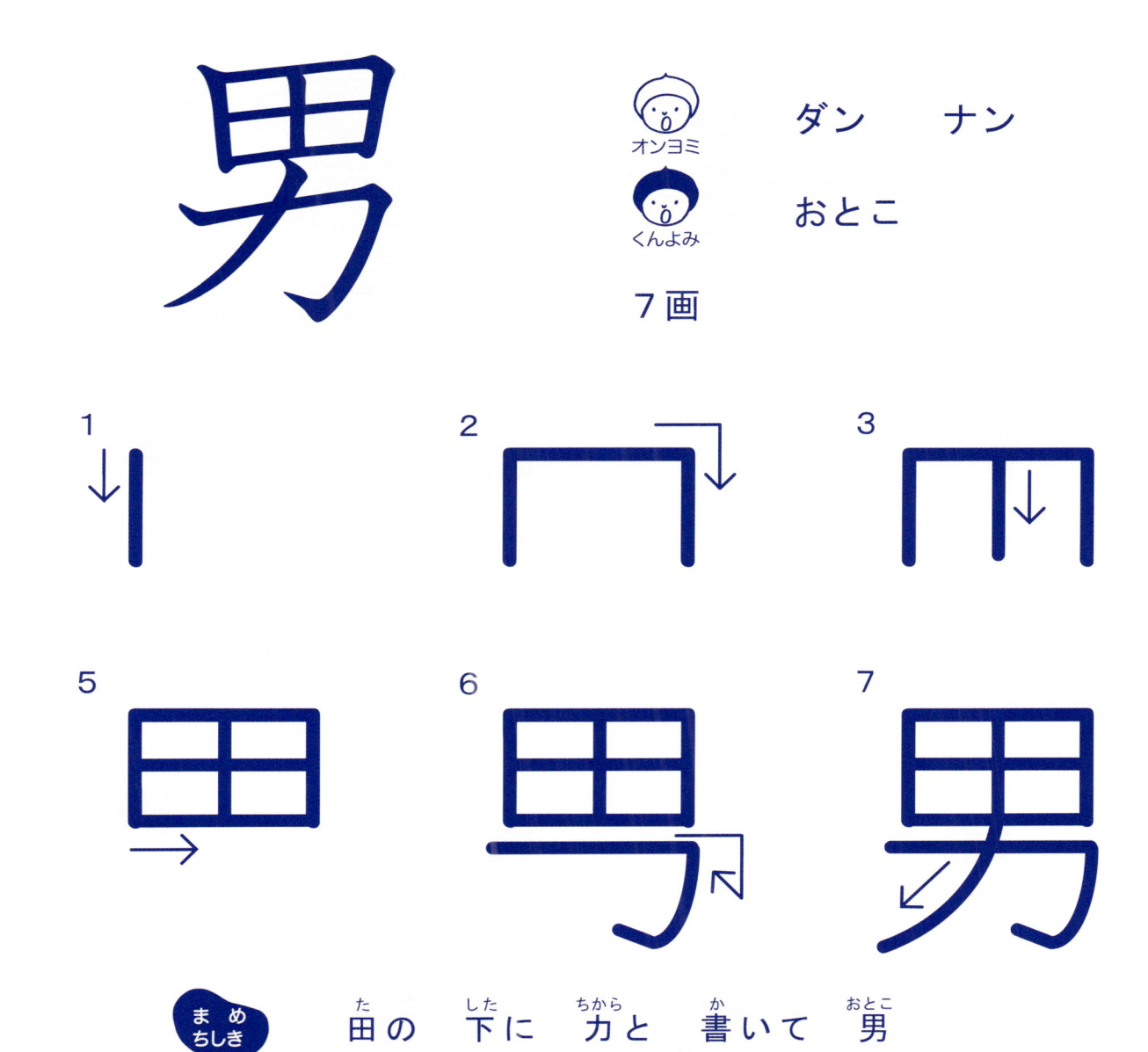

まめ
ちしき 田の 下に 力と 書いて 男

女の子は　小さな　王女さま

おんな　こ　ちい　おうじょ

女

オンヨミ　ジョ

くんよみ　おんな

3画

1　2　3

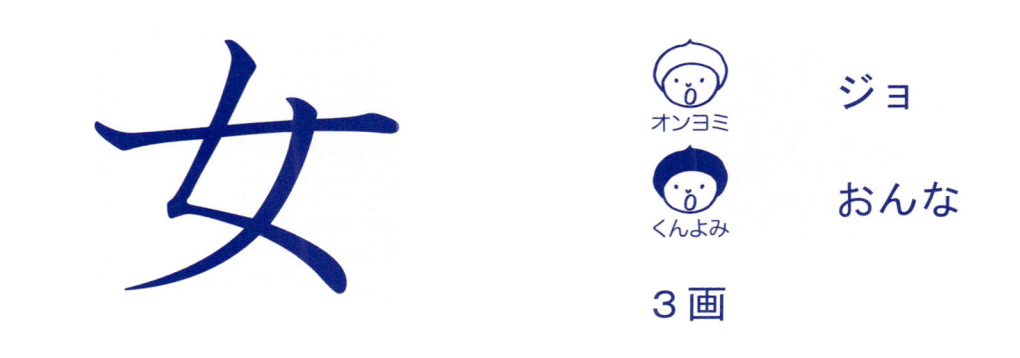

まめちしき　ひらがなの 「く」 カタカナの 「ノ」 かん字の 「一」

「く　ノ　一」 と 書いて 女

春 夏

秋 冬

一年は　３６５日　今年も　よい　年だ

（いちねん）（にち）（ことし）（とし）

年

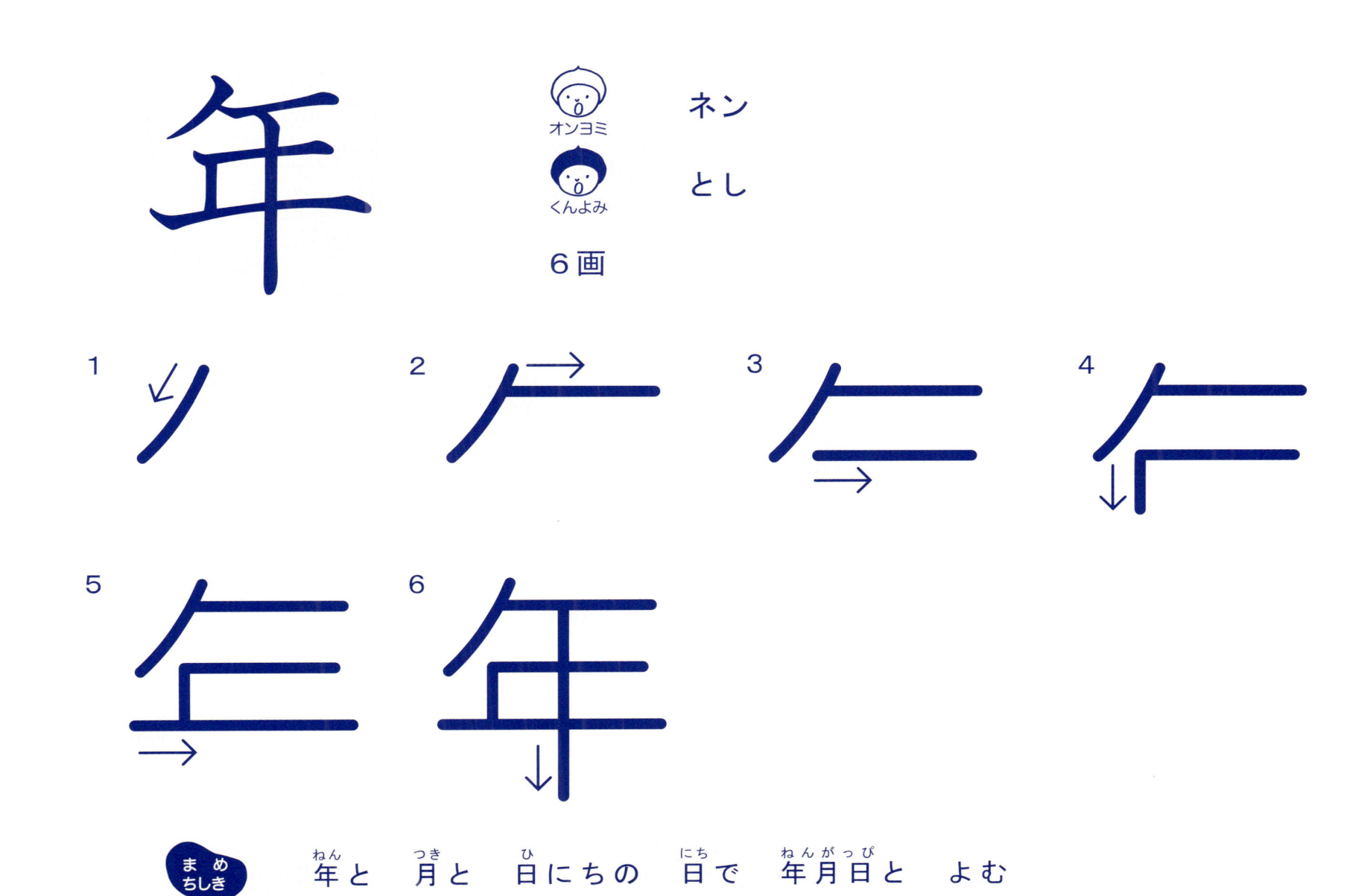

入学式の　入り口は　どこですか？

オンヨミ ニュウ

くんよみ いる いれる はいる

2画

1 2

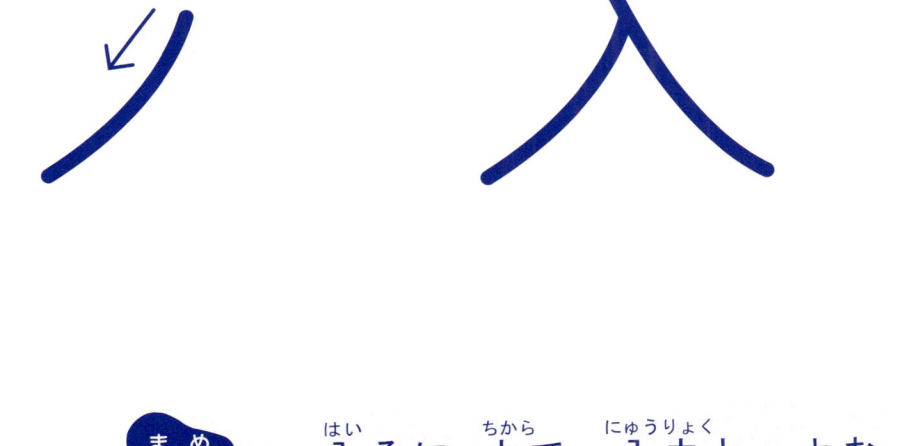

まめ ちしき

入<ruby>はい<rt></rt></ruby>るに 力<ruby>ちから<rt></rt></ruby>で 入力<ruby>にゅうりょく<rt></rt></ruby>と よむ

出席 番号じゅんに 出口に むかって ください

出

オンヨミ　シュツ　スイ

くんよみ　でる　だす

5画

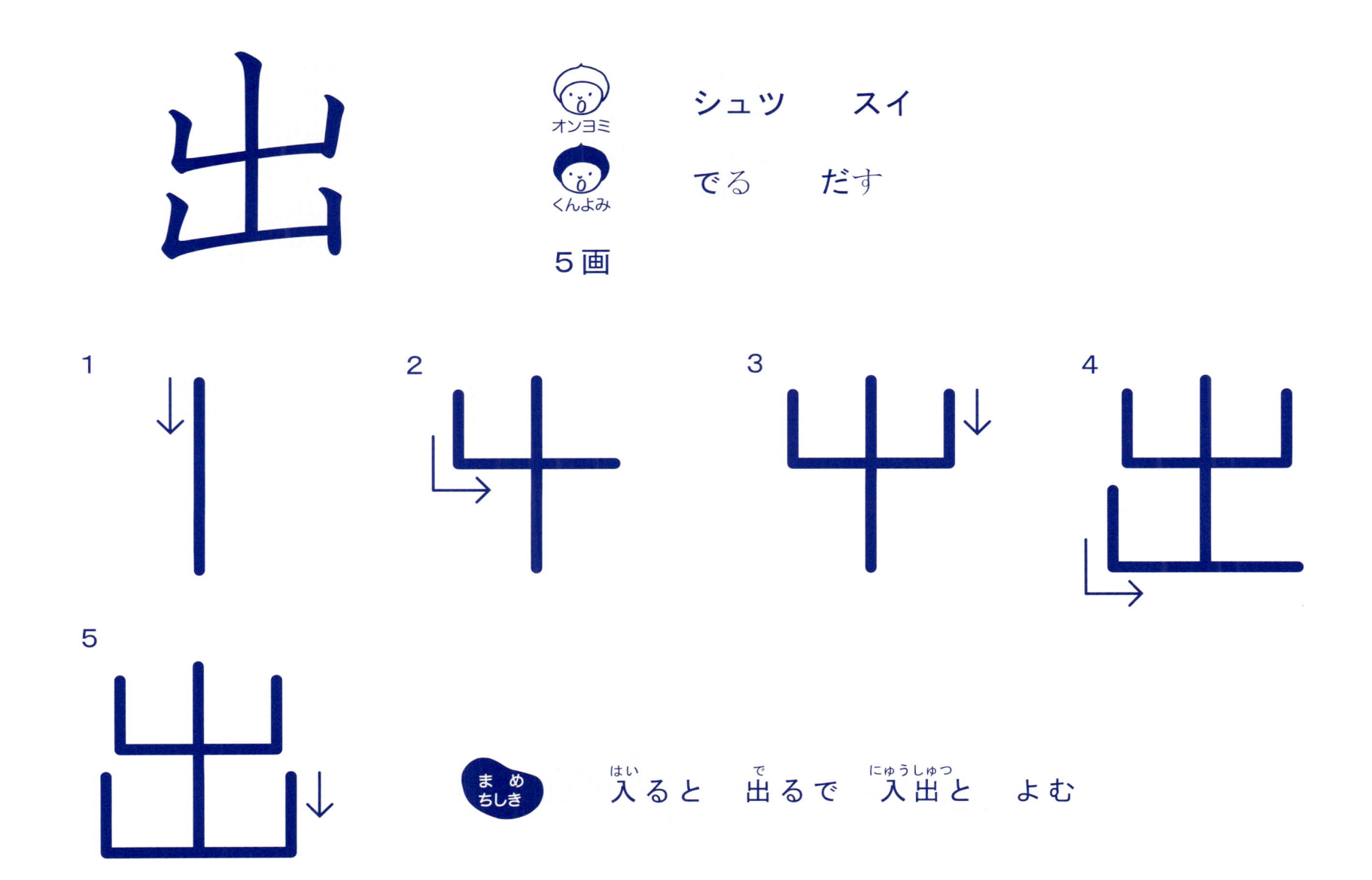

1

2

3

4

5

まめちしき　入ると　出るで　入出と　よむ

97

今日は　午後　早く　早退　しました

早

オンヨミ ソウ サッ

くんよみ はやい はやまる はやめる

6画

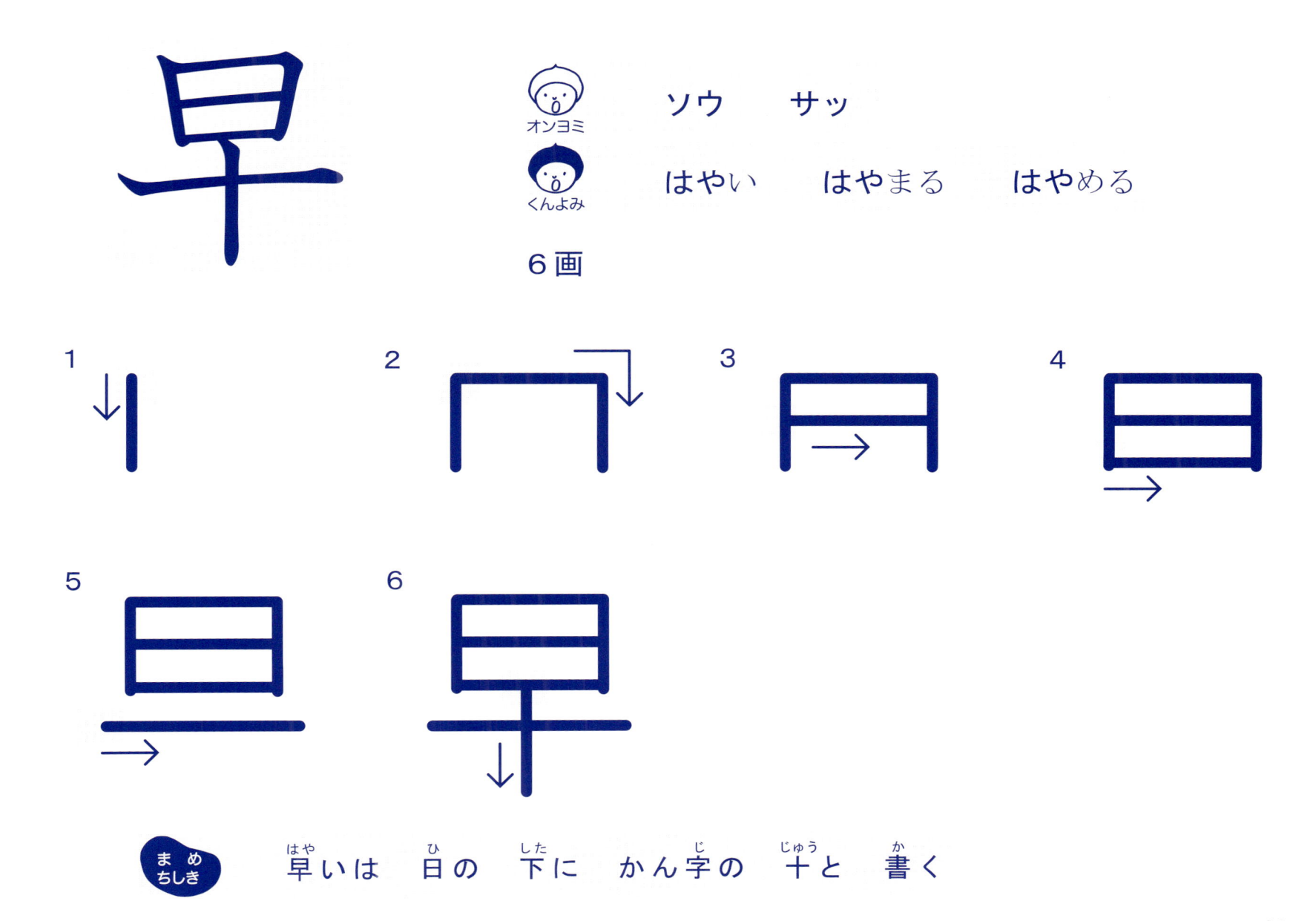

1 2 3 4

5 6

まめ
ちしき
早いは 日の 下に かん字の 十と 書く

99

車<ruby>くるま</ruby>は　車道<ruby>しゃどう</ruby>を　走<ruby>はし</ruby>る　人<ruby>ひと</ruby>は　歩道<ruby>ほどう</ruby>を　歩<ruby>ある</ruby>く

車

オンヨミ　シャ

くんよみ　くるま

7画

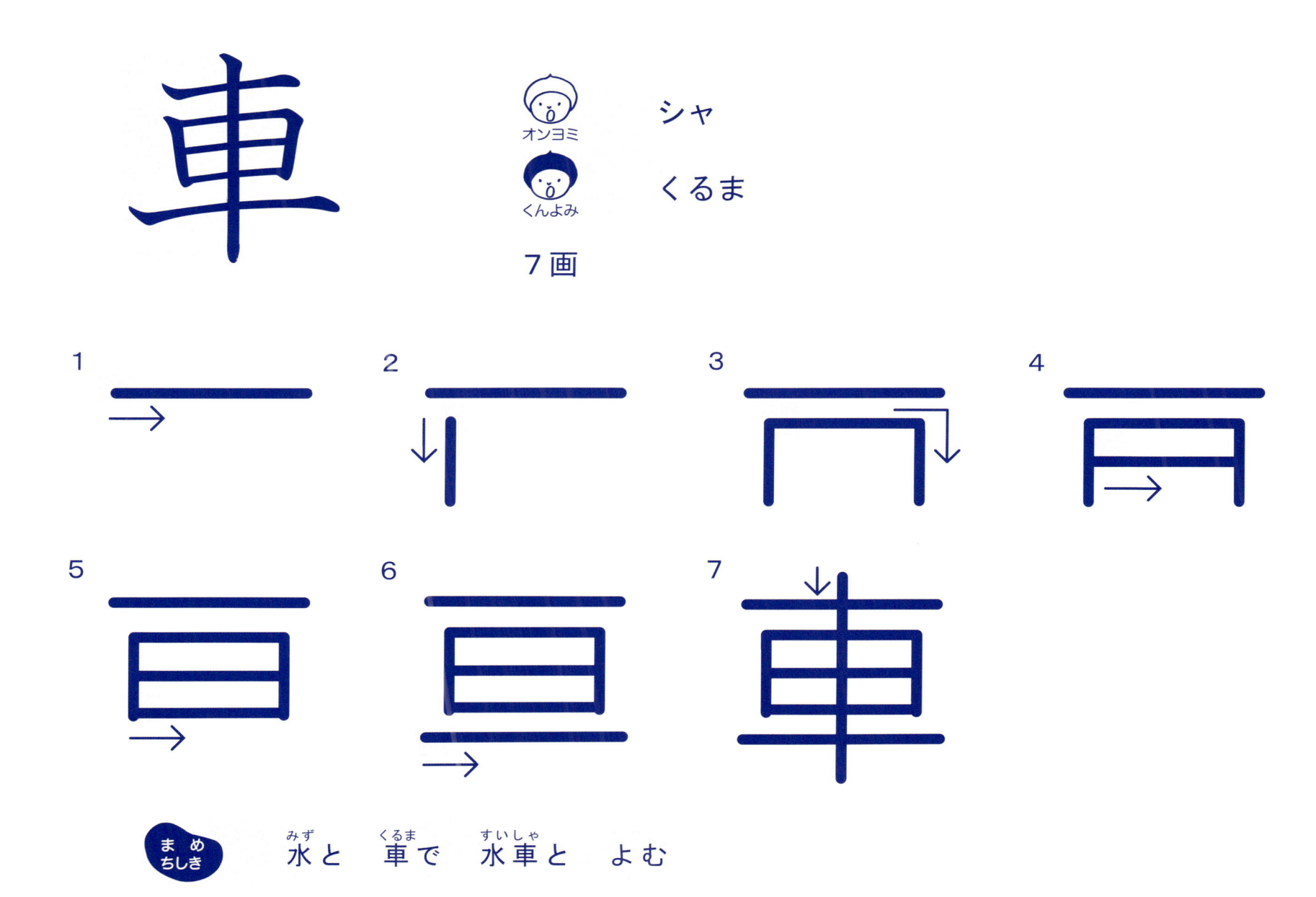

1　2　3　4

5　6　7

まめちしき　水と　車で　水車と　よむ

立っぱな　おひげの　紳士が　立って　いる

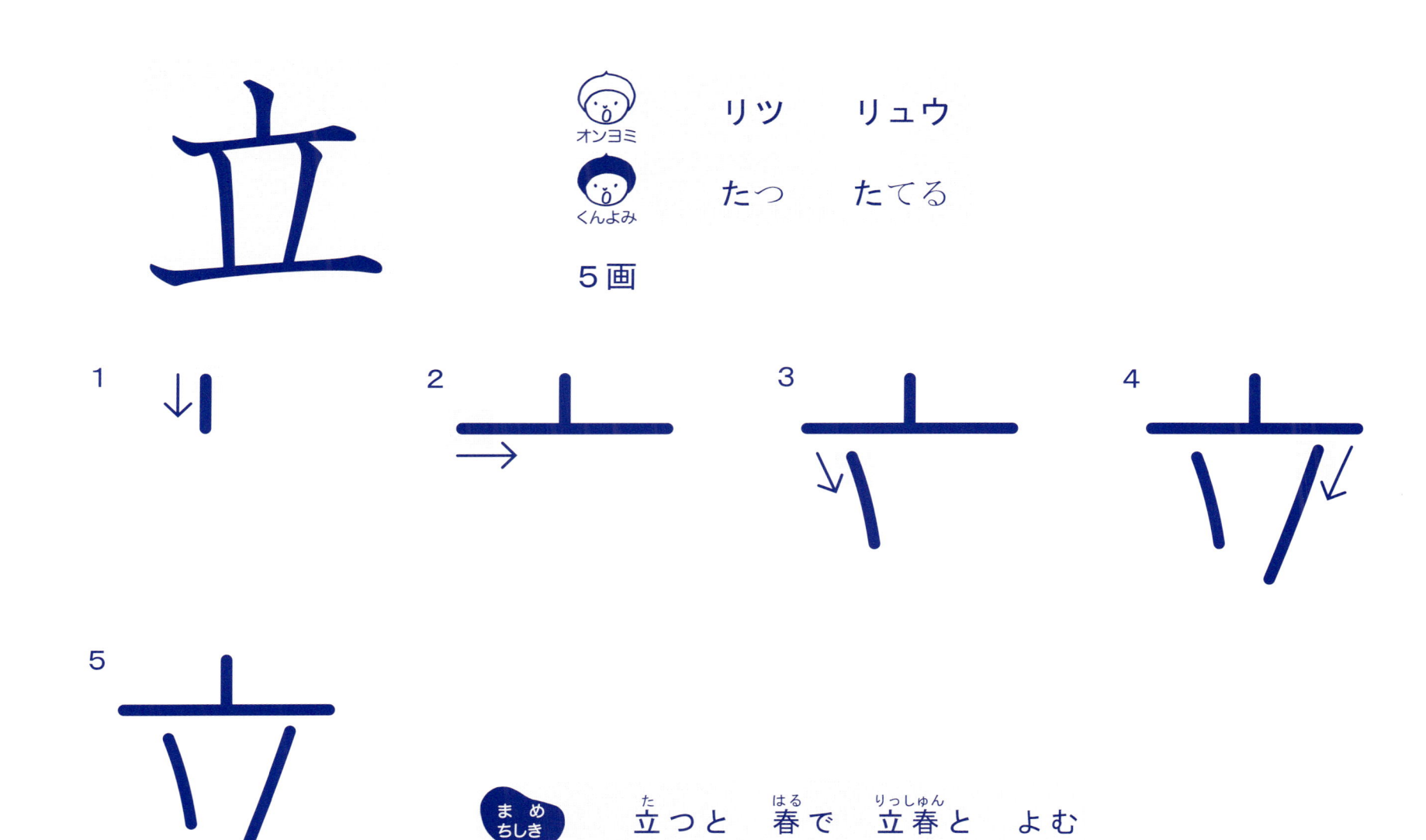

立

オンヨミ　リツ　リュウ

くんよみ　たつ　たてる

5画

1

2

3

4

5

まめちしき　立つと　春で　立春と　よむ

＊　立春はこよみの上で春が始まる日

103

音楽室から　ピアノの　音が　聞こえて　くる

音

立（103ページ）

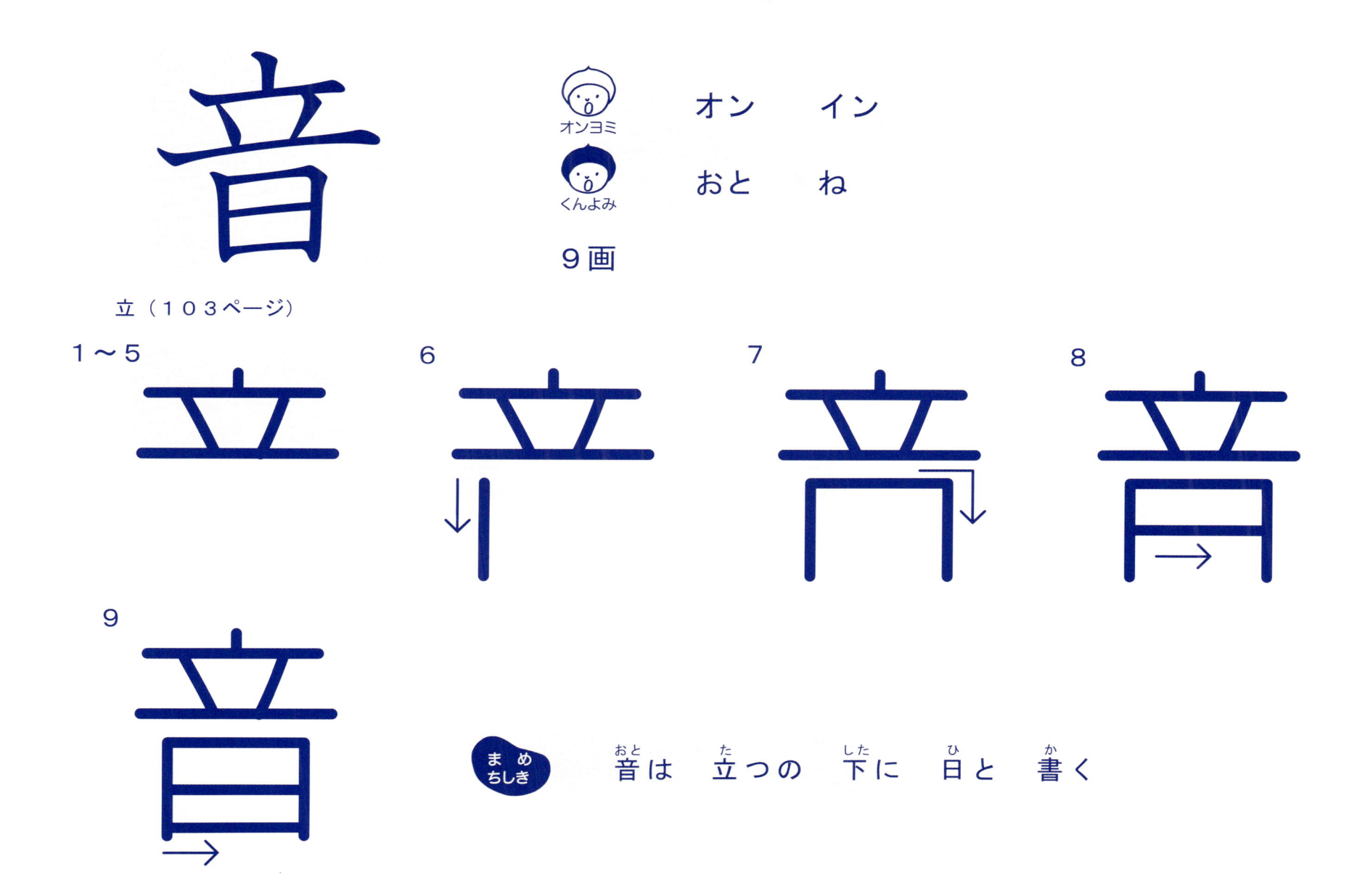

オンヨミ　オン　イン

くんよみ　おと　ね

9画

まめちしき　音は　立つの　下に　日と　書く

105

夕日が　美しい　七夕の　日

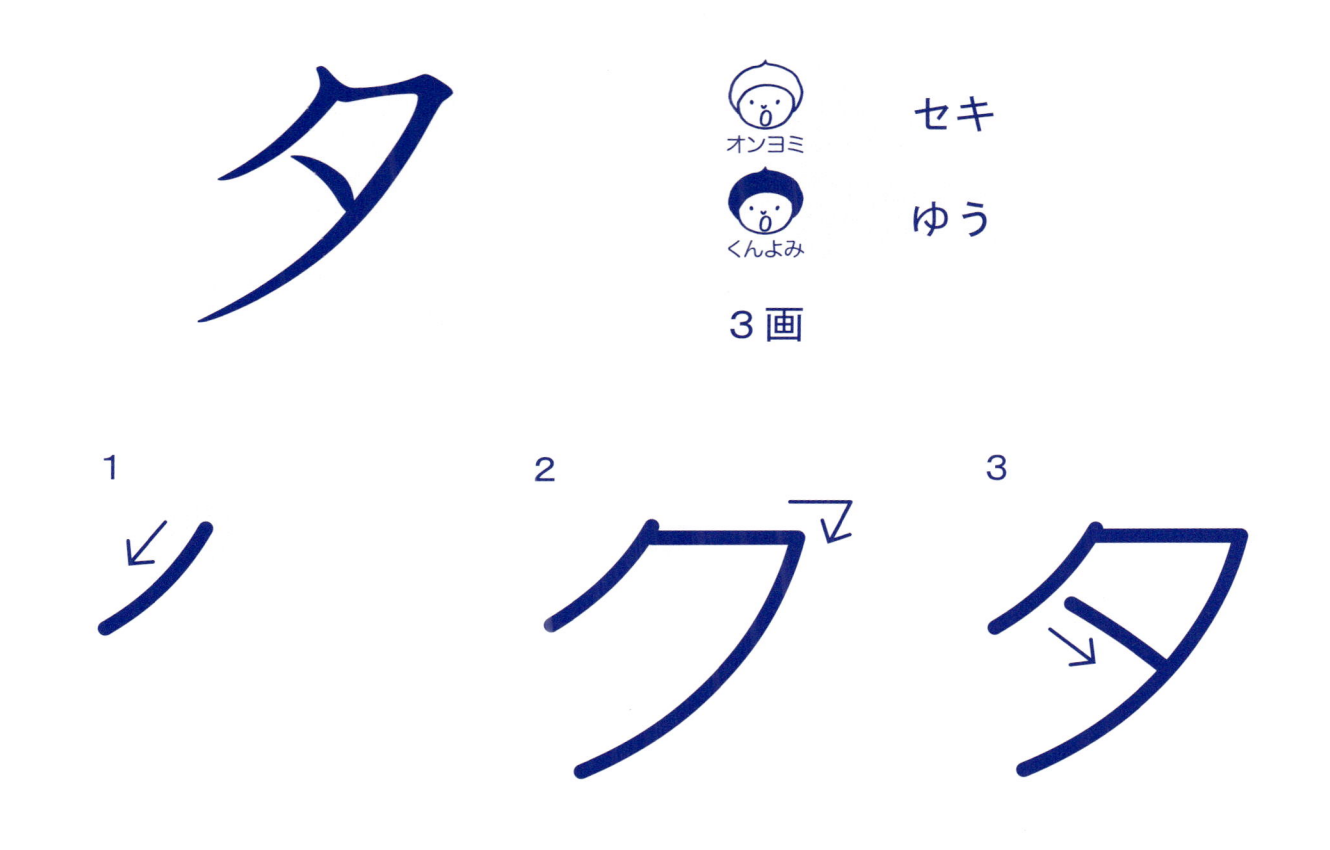

タ

オンヨミ セキ

くんよみ ゆう

3画

1 ノ

2 ク

3 タ

まめちしき 夕と 立つで 夕立と よむ

名字（みょうじ）と　名前（なまえ）を　書（か）いて　ください

名

メイ　ミョウ

な

６画

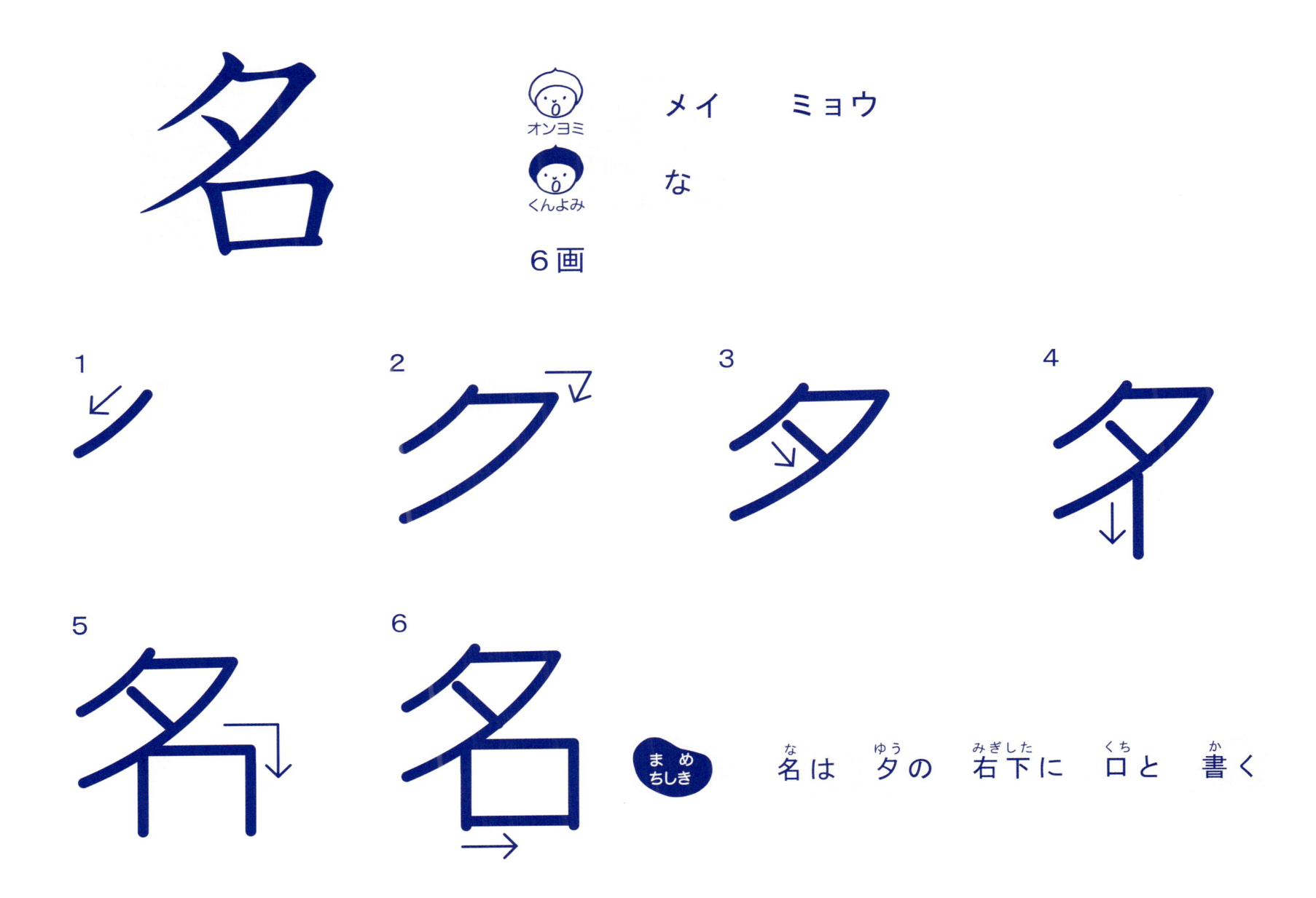

1

2

3

4

5

6

まめ
ちしき　名は　夕の　右下に　口と　書く

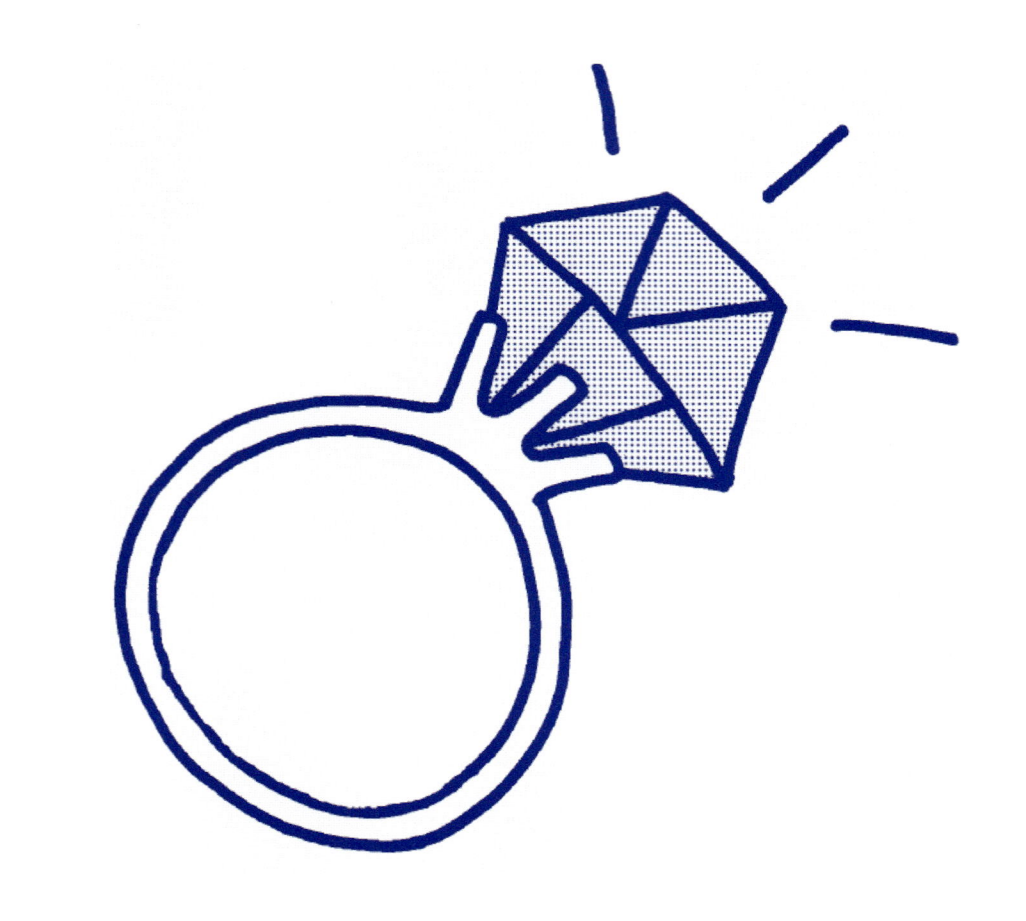

この　石は　宝石のように　きれいだね

石

オンヨミ　セキ　シャク　コク

くんよみ　いし

5画

1 ー

2 ↙ ナ

3 ナ↓

4 石↓

5 石→

まめちしき　小さいと　石で　小石と　よむ

海で　いろいろな　貝を　ひろったよ

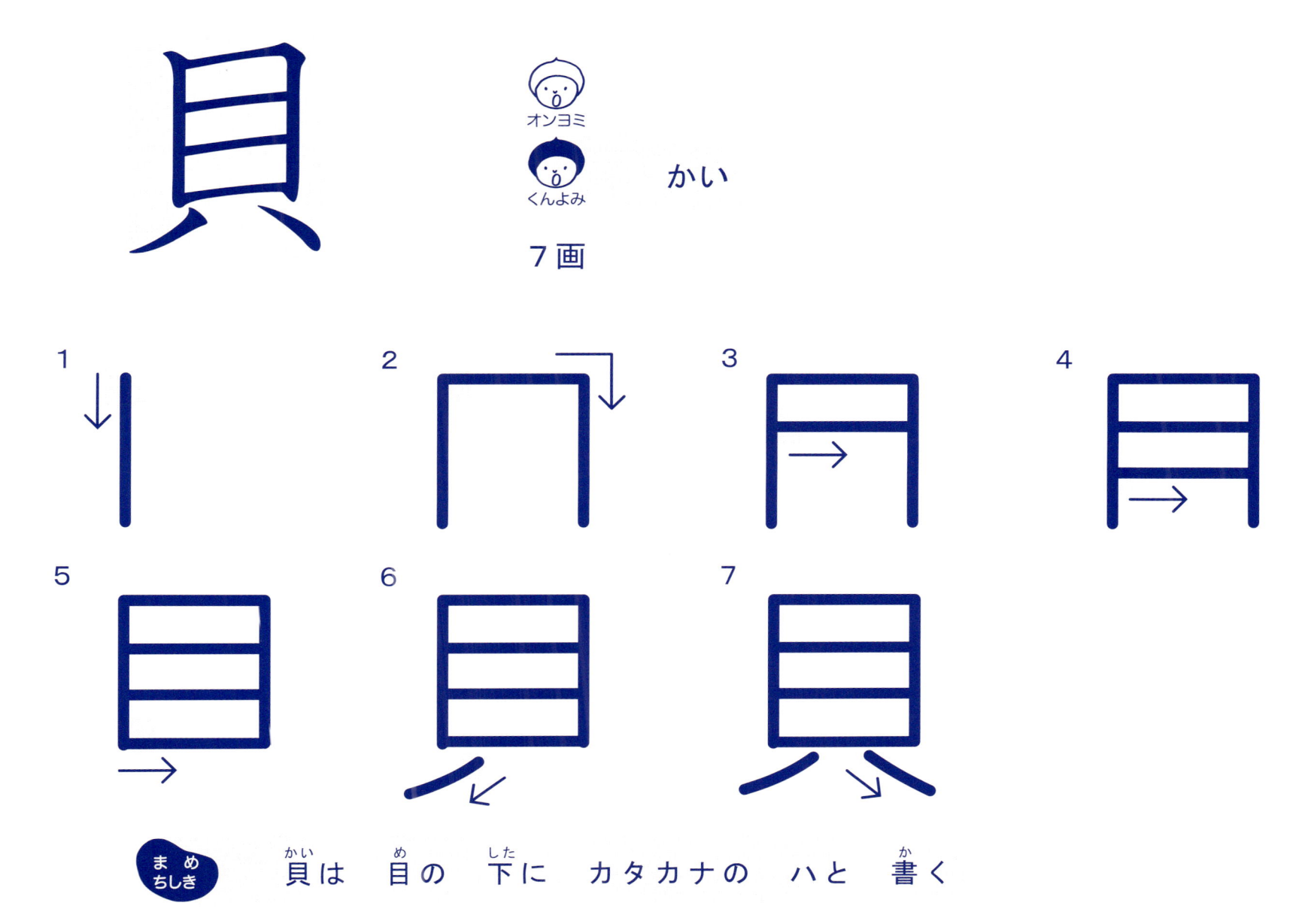

オンヨミ

くんよみ

かい

7画

まめちしき

貝は 目の 下に カタカナの ハと 書く

113

工場　見学で　パンを　作る　ところを　見た

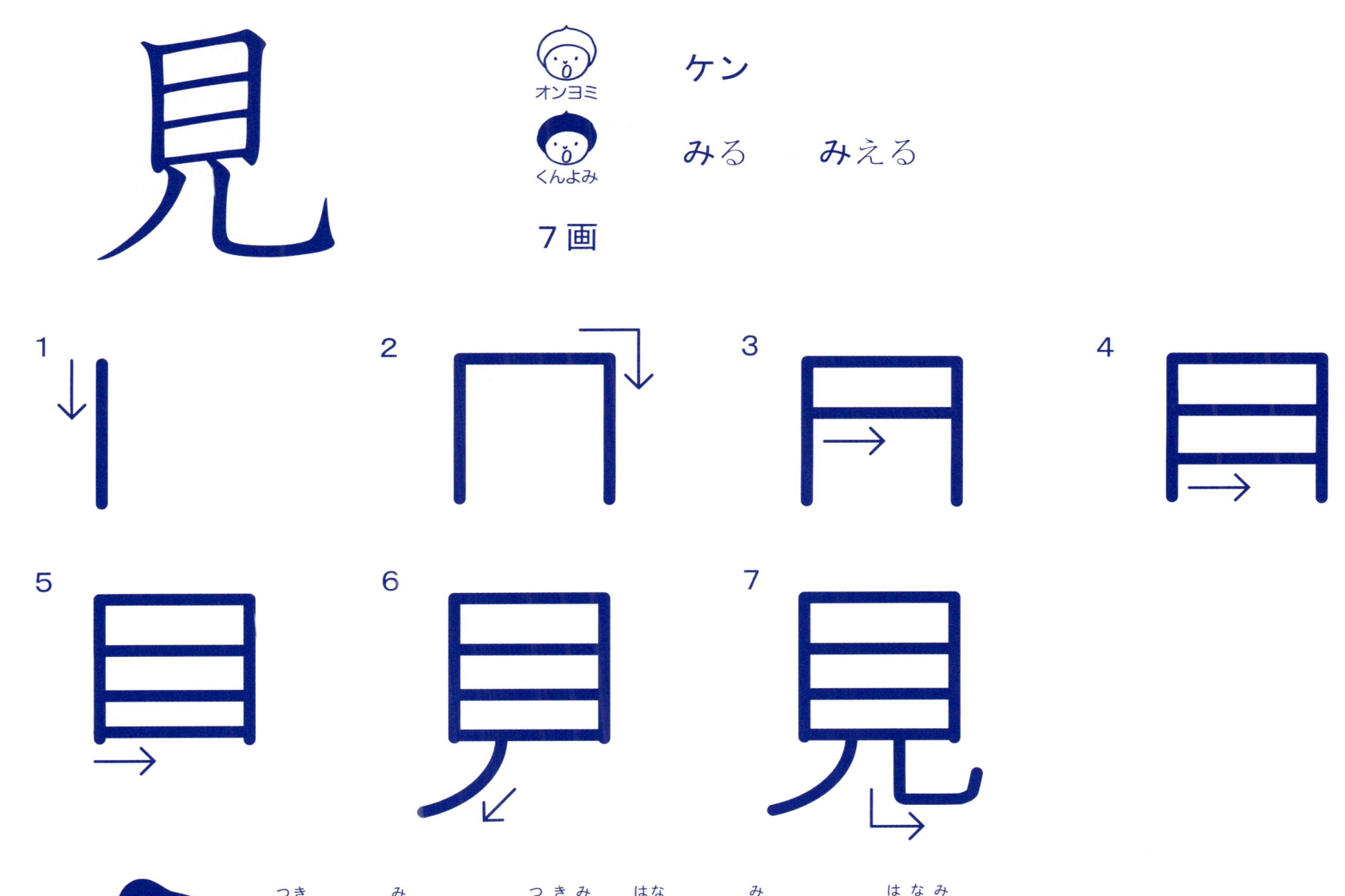

見

オンヨミ ケン

くんよみ みる　みえる

7画

まめ
ちしき
月と　見るで　月見　花と　見るで　花見と　よむ

115

王<ruby>さ<rt>おう</rt></ruby>まの　子<ruby>ど<rt>こ</rt></ruby>もは　王子<ruby>さ<rt>おうじ</rt></ruby>ま

王

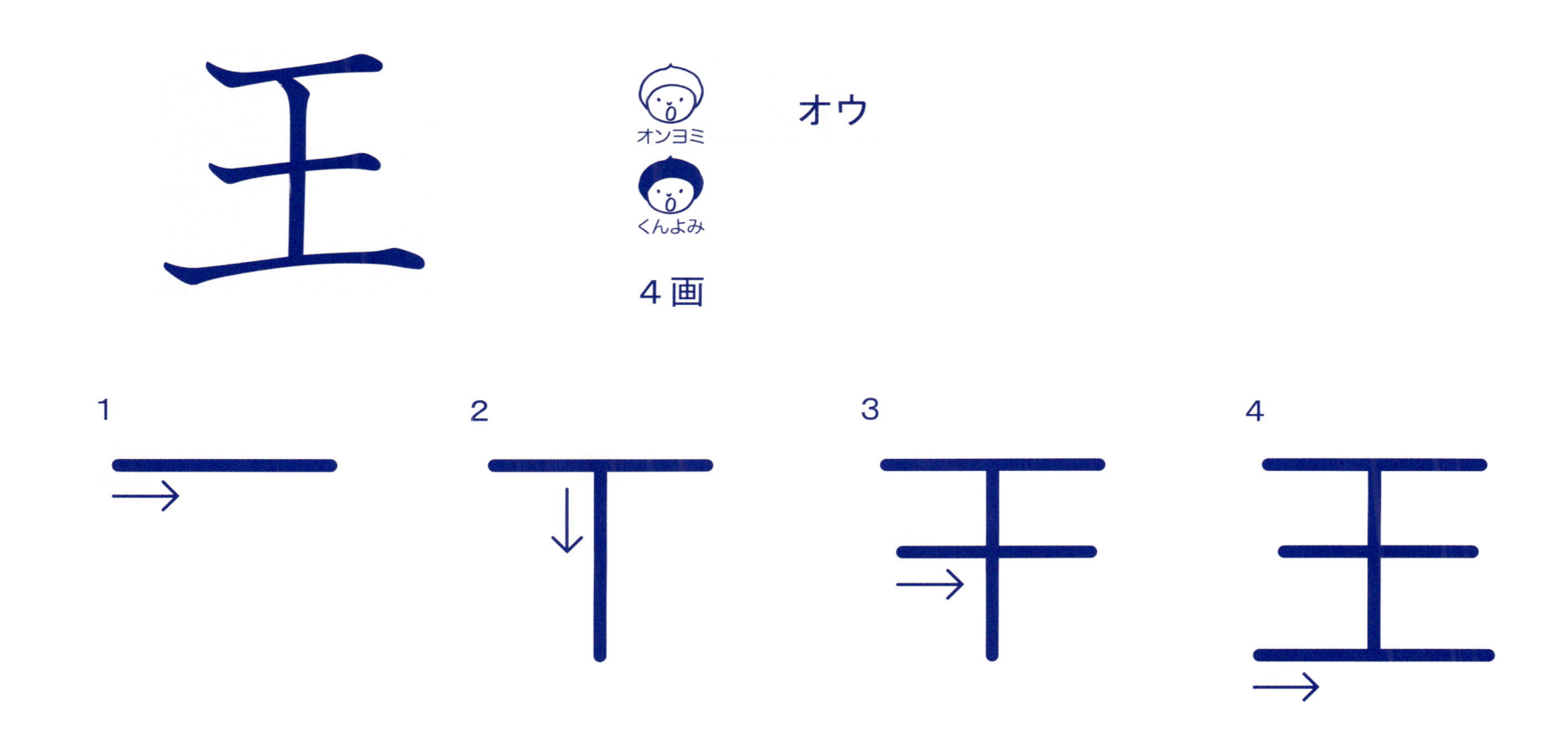

オンヨミ オウ

くんよみ

4画

1 →
2 ↓
3 →
4 →

まめちしき

女と 王で 女王と よむ

117

水玉　もようの　茶わんで　玉露を　飲もう

* 玉露は緑茶の種類のひとつ

玉

オンヨミ　ギョク

くんよみ　たま

5画

1 →　一

2 ↓　丁

3 →　干

4 →　王

5 ↘　玉

まめ
ちしき　玉は　王に　点を　つけて　書く

金糸の　糸で　作った　服

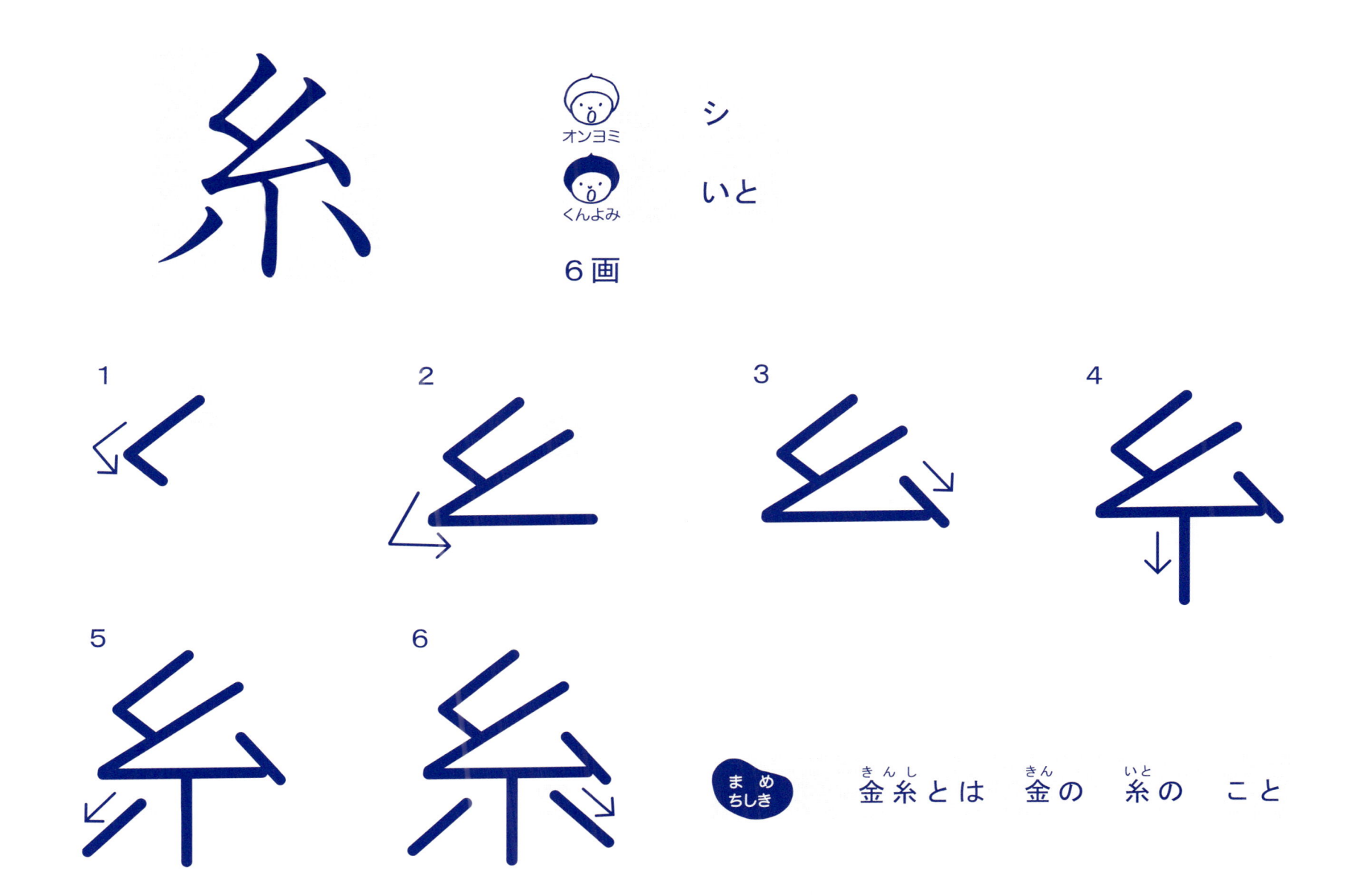

糸

オンヨミ　シ

くんよみ　いと

6画

1　2　3　4

5　6

まめちしき　金糸とは 金の 糸の こと

121

お花を　花びんに　かざりましょう

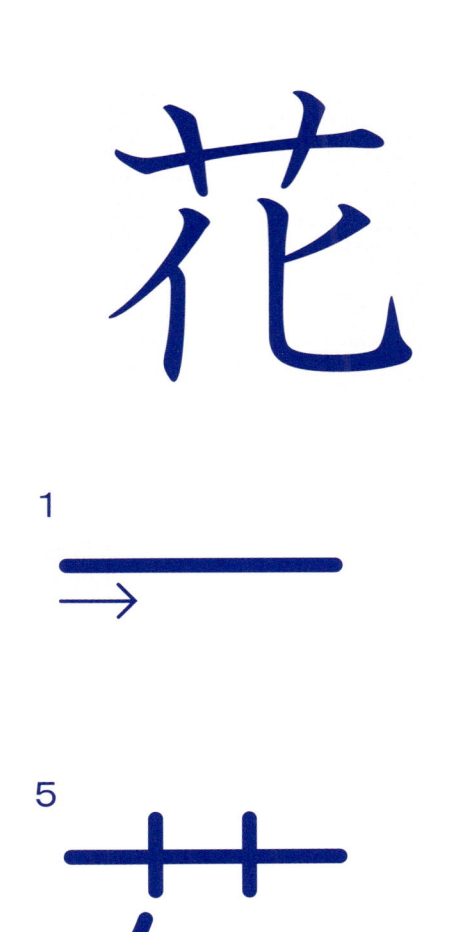

オンヨミ　カ

くんよみ　はな

7画

1

2

3

4

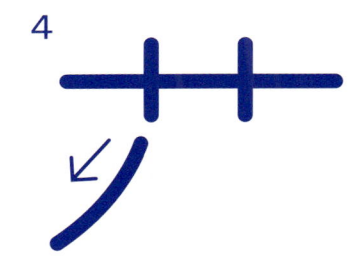

5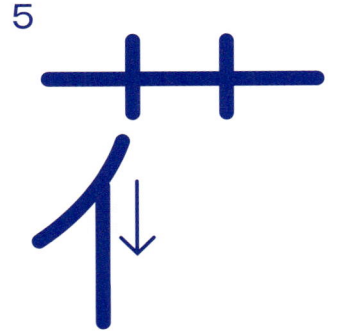

6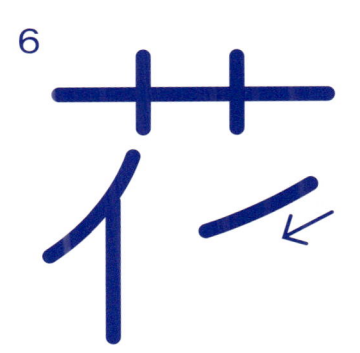

7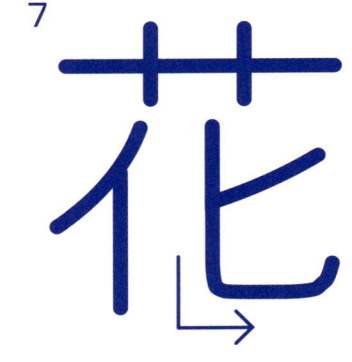

 まめ
ちしき　花と　火で　花火と　よむ

そよそよと　そよぐ　草原（そうげん）の　草（くさ）

 オンヨミ ソウ

 くんよみ くさ

9画

くさかんむり（１２３ページ）

1〜3

4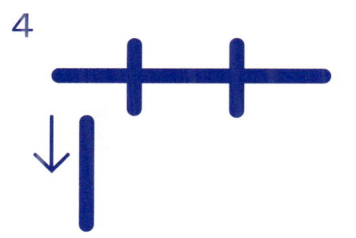

5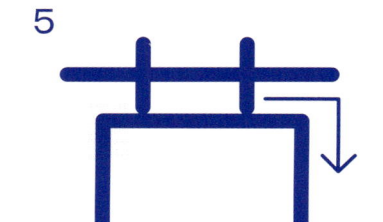

6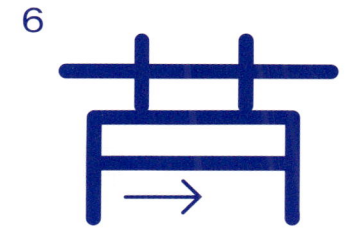

7

8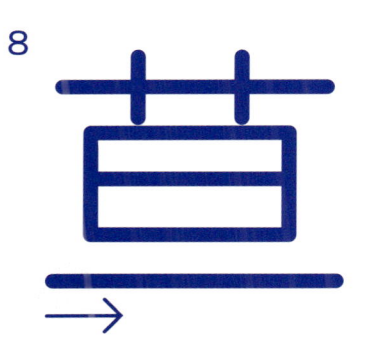

9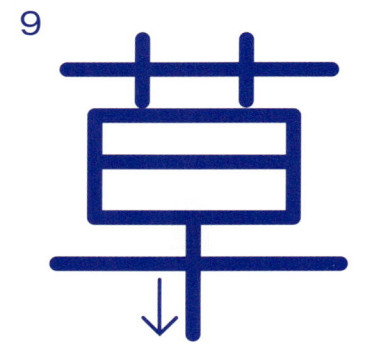

 まめちしき　草は　くさかんむりの　下に　早いと　書く

竹林で　竹の子を　とる

竹

オンヨミ　チク

くんよみ　たけ

6画

1 　ノ

2 　ト →

3 　竹 ↓

4 　竹 ↘

5 　竹 →

6 　竹 ↙

まめ ちしき　竹と　林で　竹林と　よむ

これは　山本<ruby>やまもと</ruby>　先生<ruby>せんせい</ruby>の　書<ruby>か</ruby>いた　本<ruby>ほん</ruby>です

本

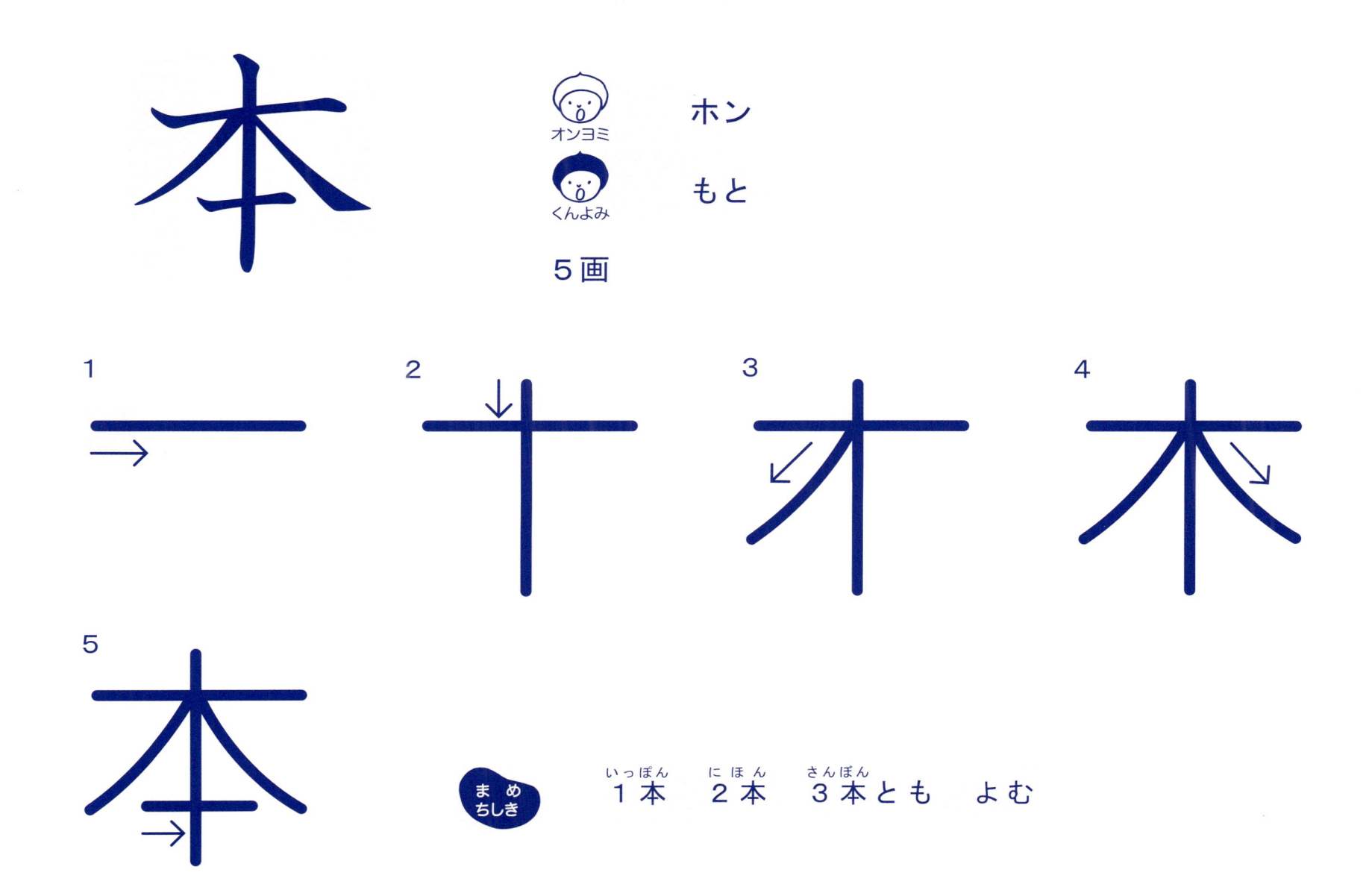

1 一
2 十
3 才
4 本
5 本

まめちしき

いっぽん　にほん　さんぼん
1本　2本　3本とも　よむ

林_{はやし}の　中_{なか}を　ぬける　林道_{りんどう}を　歩_{ある}いたよ

 オンヨミ　リン

 くんよみ　はやし

8画

1
2
3
4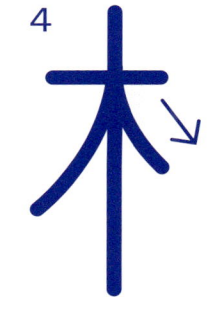

5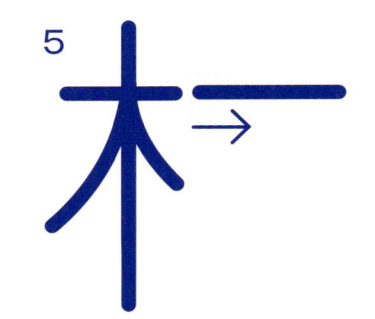
6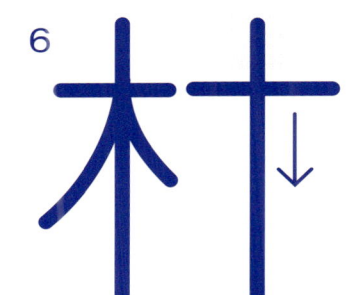
7
8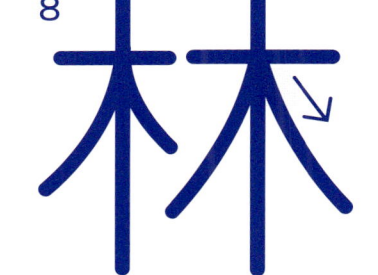

 まめちしき　林は　木と　木を　ならべて　書く

森へ　森林浴に　行きましょう

 オンヨミ　シン

 くんよみ　もり

１２画

木（１３１ページ）

１〜４　　　　５〜８　　　　９〜１２

 まめちしき　木が　三つ　集まって　森に　なる

＊木がたくさんしげっているようす

133

小学校の　校庭に　集合だ

校

１０画

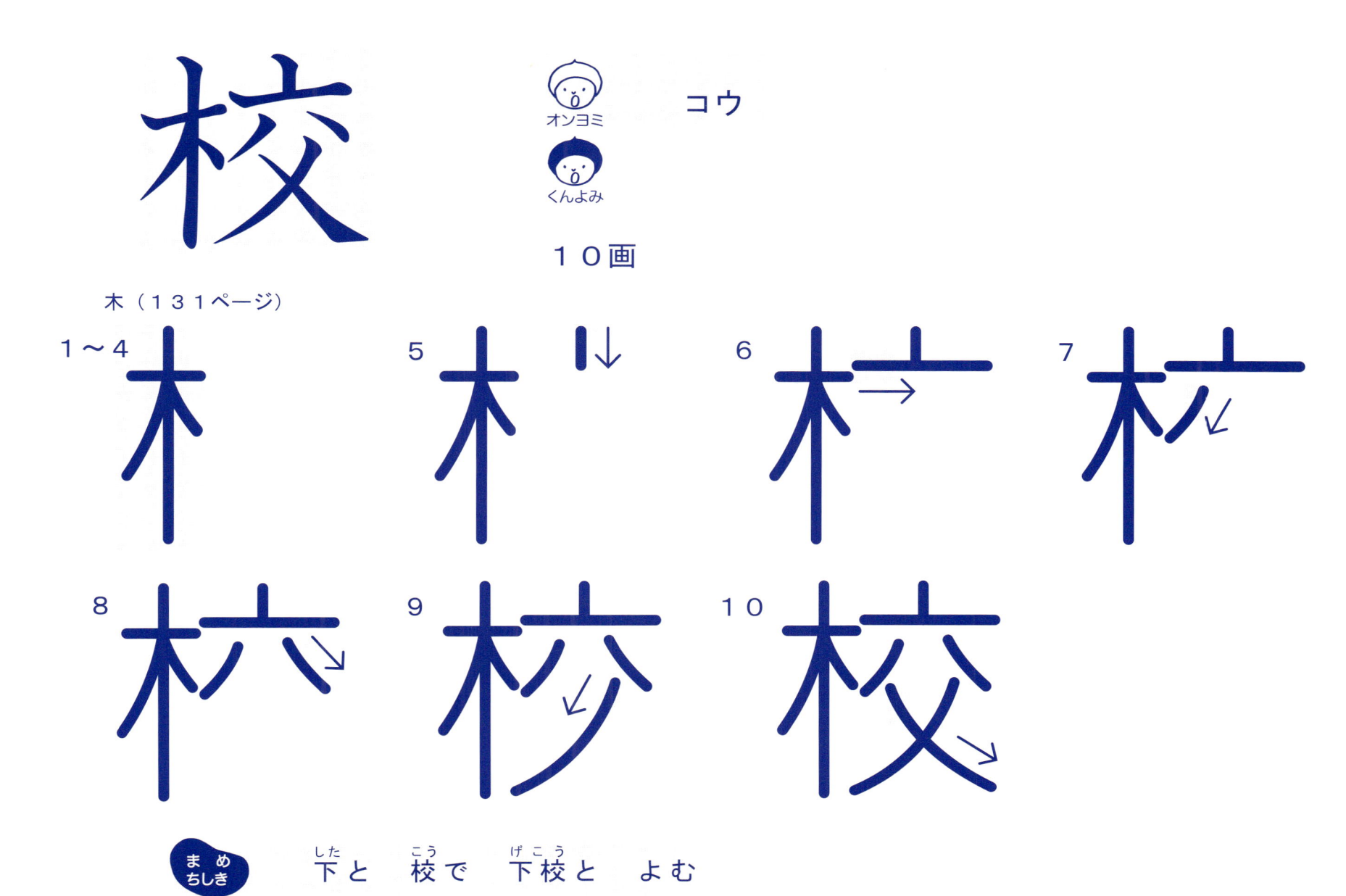

木（１３１ページ）

1～4　5　6　7

8　9　10

まめ
ちしき　下と　校で　下校と　よむ

村長さんと　いっしょに　村祭りを　見た

村

オンヨミ　ソン

くんよみ　むら

7画

1 →

2 ↓ 十

3 ↙ 才

4 木 ↘

5 木 →

6 村 ↙

7 村 ↘

まめちしき　山と　村で　山村と　よむ

137

町田さんは　この　町の　町長です

町

オンヨミ　チョウ

くんよみ　まち

7画

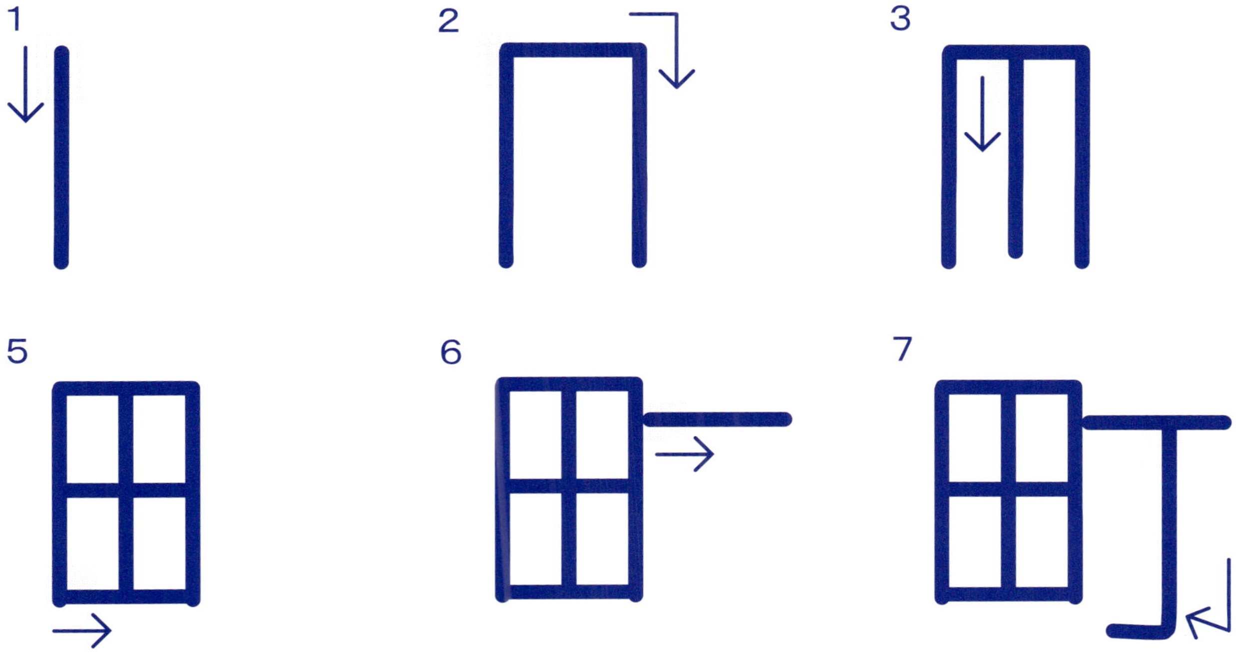

まめちしき　下(した)と　町(まち)で　下町(したまち)と　よむ

男子も　女子も　子どもは　みんな　風の　子だ

子

オンヨミ　シ　ス

くんよみ　こ

3画

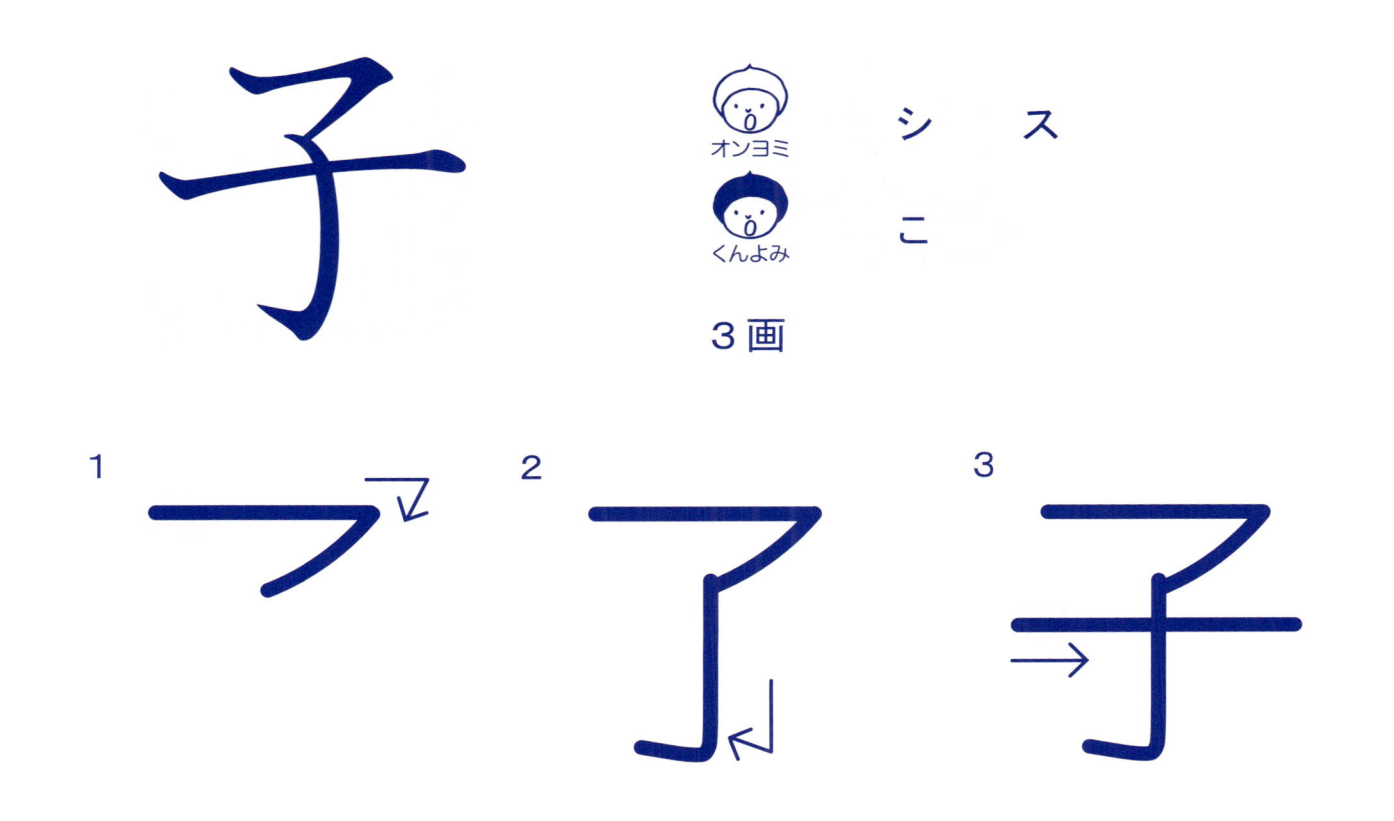

1　2　3

 まめちしき　子と　犬で　子犬と　よむ

名前を　かん字で　書いて　みよう

字

６画

1 ↓

2 ↓

3

4

5

6

 まめちしき　字は うかんむりの 下に 子と 書く

学校<ruby>がっこう</ruby>に 行<ruby>い</ruby>って 文学<ruby>ぶんがく</ruby>を 学<ruby>まな</ruby>ぼう

 オンヨミ　ガク

 くんよみ　まなぶ

8画

1

2

3

4

5

6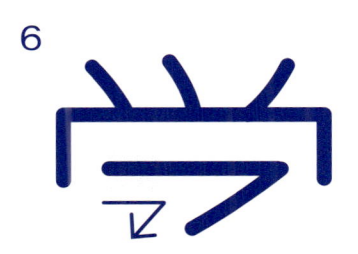

7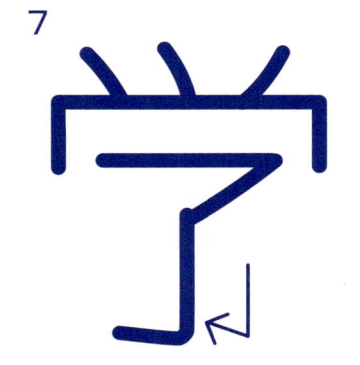

8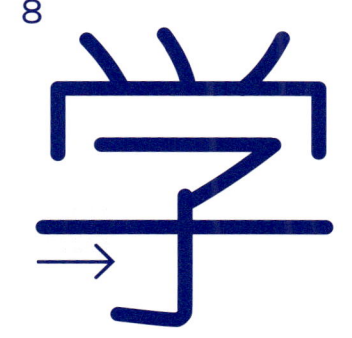

 まめちしき　小さいと　学ぶと　生まれるで　小学生と　よむ

145

文の　日に　作文を　書いた

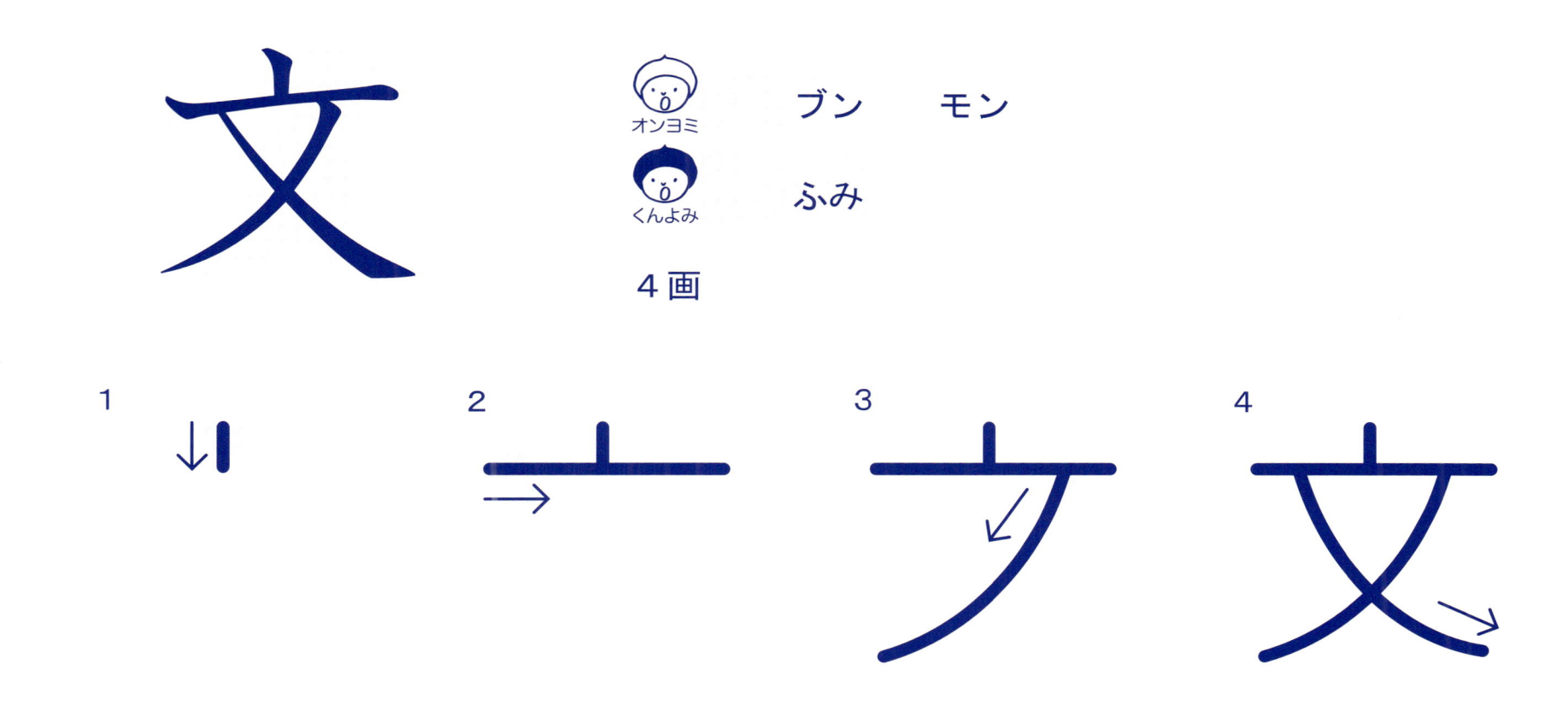

文

オンヨミ　ブン　　モン

くんよみ　ふみ

4画

1　↓|

2　→　一

3　ケ

4　文

　まめ ちしき　　文と　字で　文字と　よむ

147

先<ruby>を<rt>さき</rt></ruby> 歩<ruby>いて<rt>ある</rt></ruby> いるのは 体育<ruby>の<rt>たいいく</rt></ruby> 先生<ruby>です<rt>せんせい</rt></ruby>

先

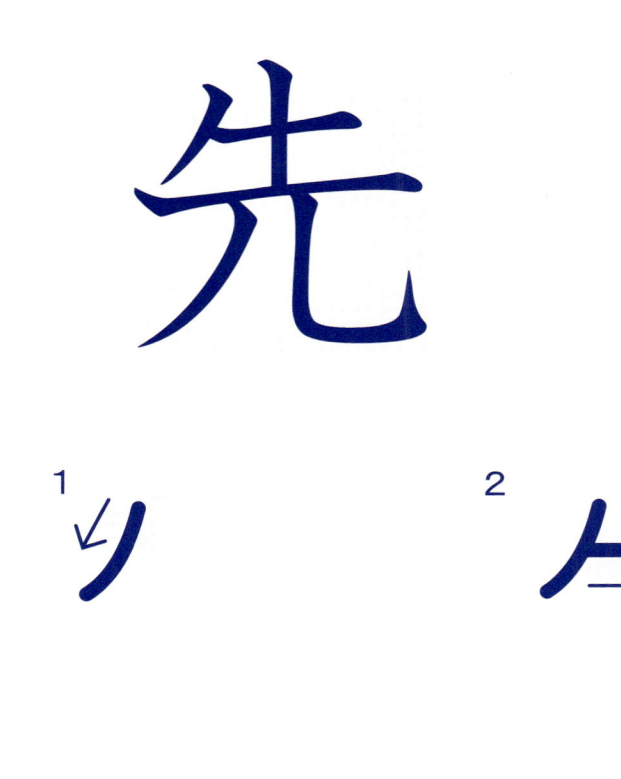

オンヨミ　セン

くんよみ　さき

6画

1 ⟍ノ

2 ⟍→

3 ↓⧹丿

4 ⟋生→

5 ↙⟋生

6 先↳→

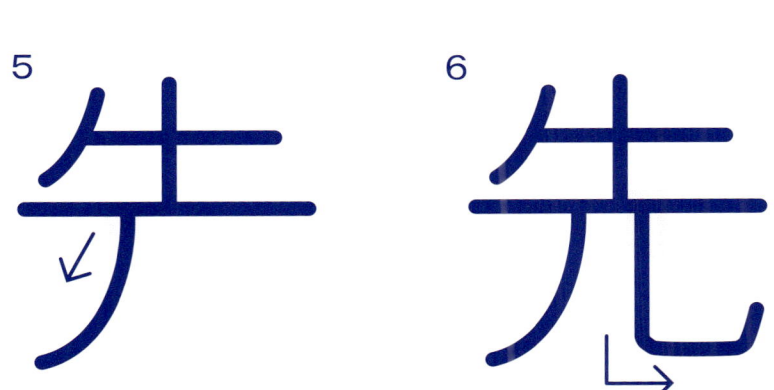

まめちしき　先と　頭で　先頭と　よむ

大正（たいしょう） 生（う）まれの おじいさんは 人生（じんせい）の 大先（だいせん）ぱい

 オンヨミ　セイ　ショウ

 くんよみ　いきる　うまれる　はえる　なま

5画

1

2

3

4

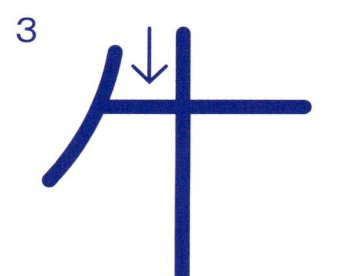

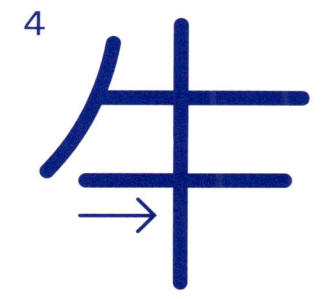

5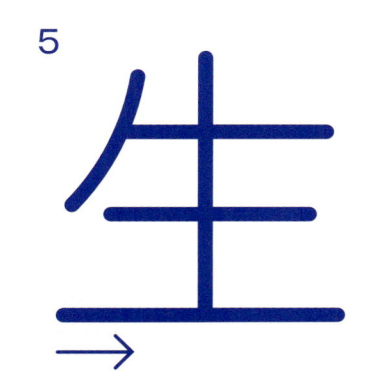

 まめちしき　人<ruby>と<rt>ひと</rt></ruby>と　生<ruby>い<rt>い</rt></ruby>きるで　人生<ruby><rt>じんせい</rt></ruby>と　よむ

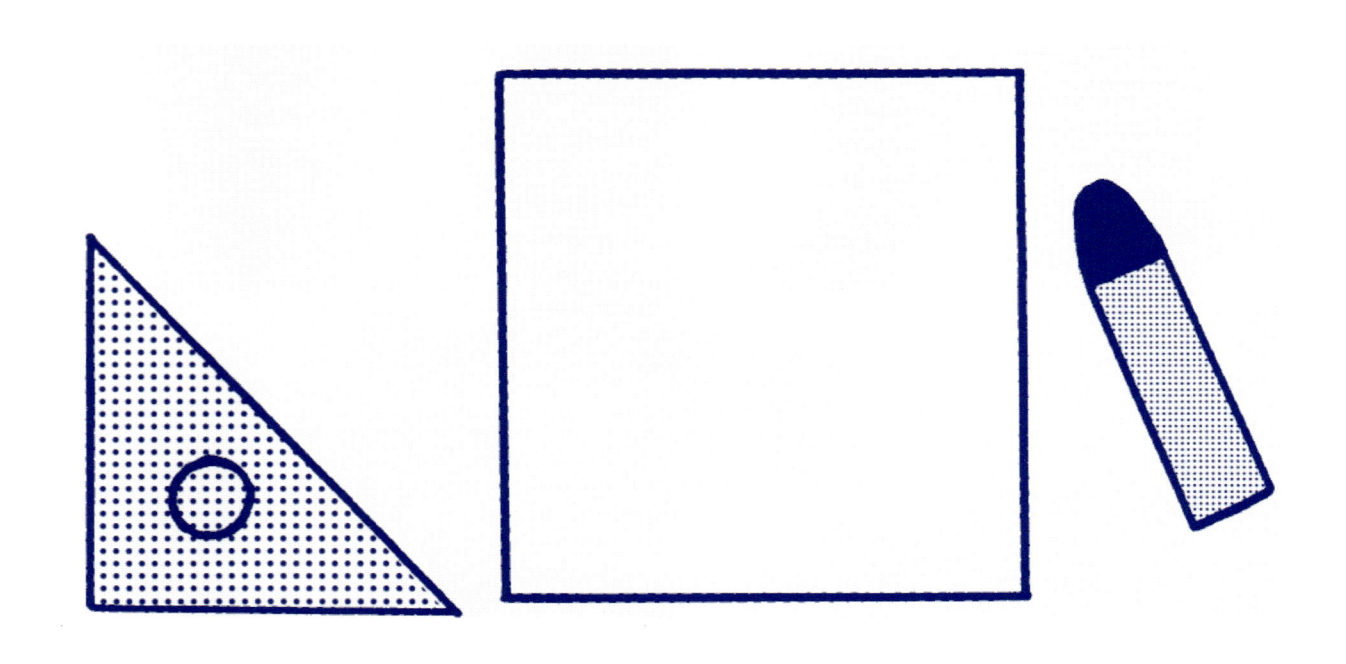

この　正方形は　正しく　書けて　いるね

正

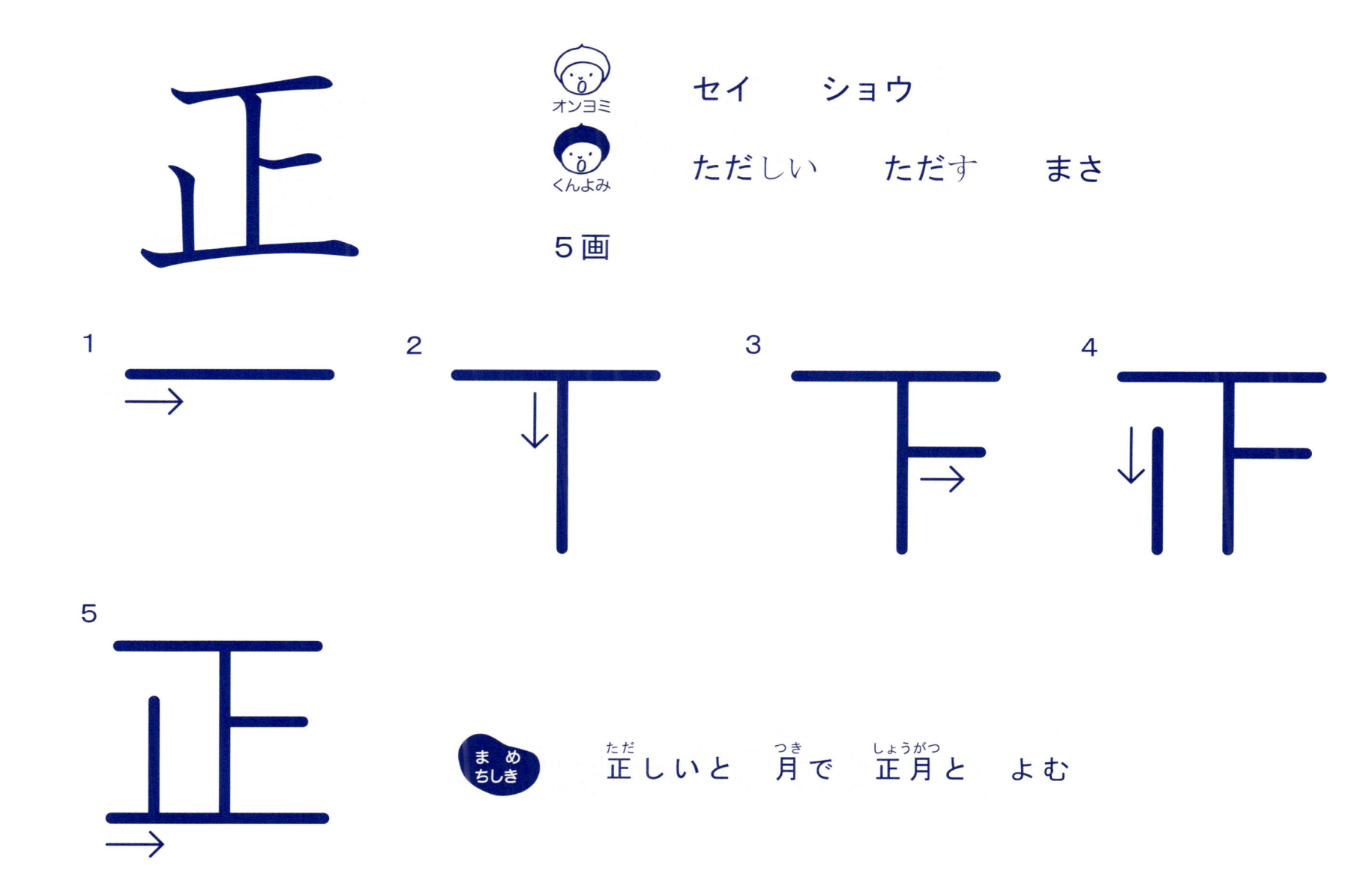

1 →

2 ↓

3 →

4 ↓

5 →

まめ ちしき　正しいと　月で　正月と　よむ

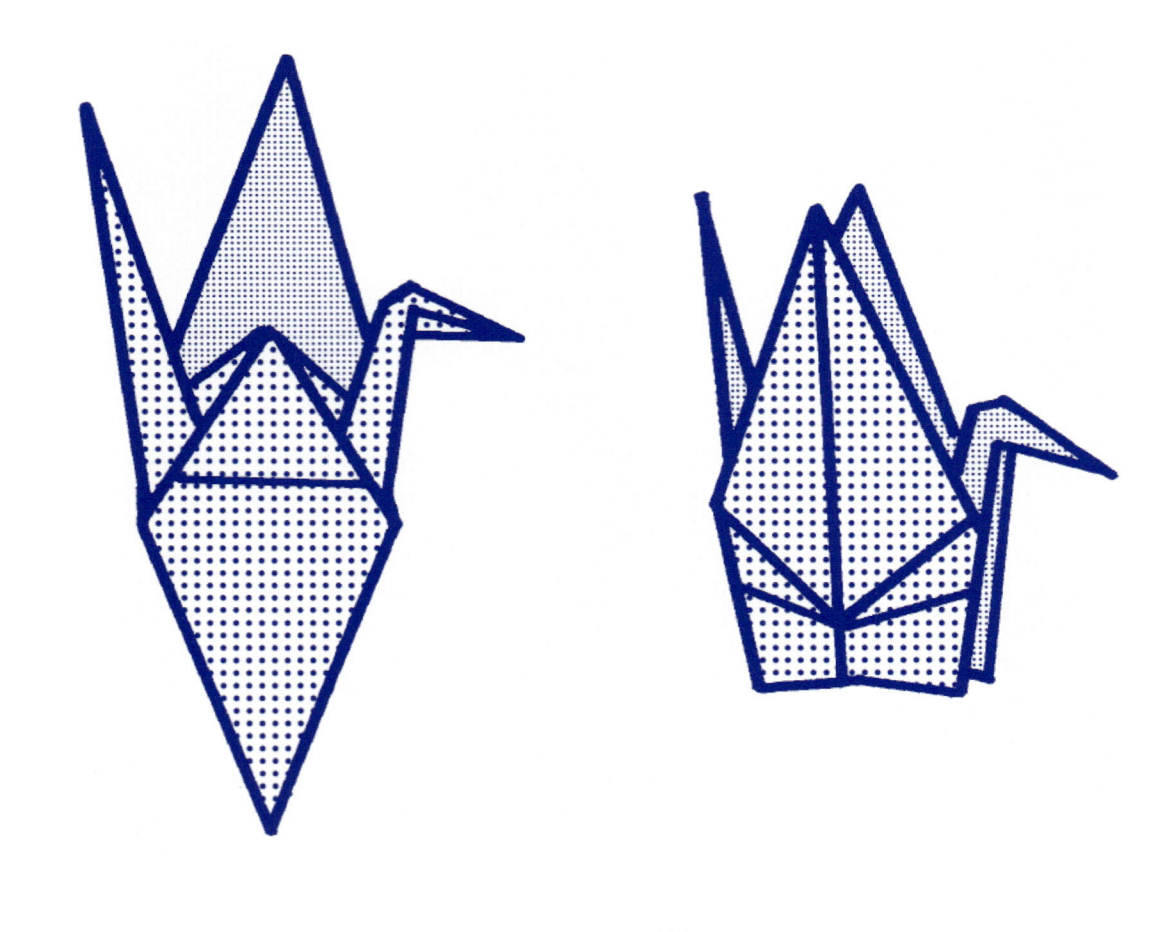

千代紙で　千羽鶴を　おったよ

千

オンヨミ　セン

くんよみ　ち

3画

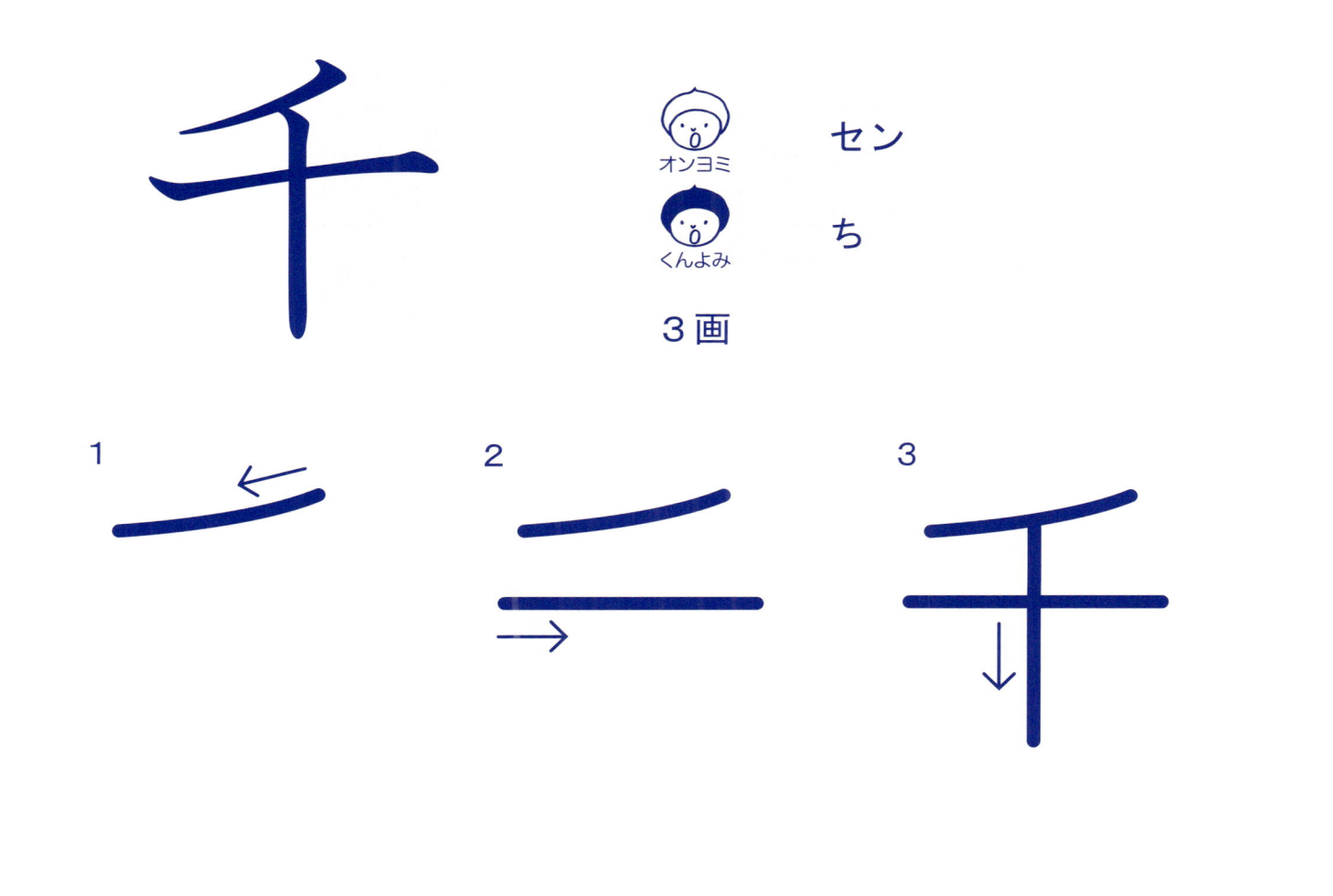

1　2　3

まめちしき　千は　カタカナの　ノの　下に　かん字の　十と　書く

百円玉は　円い　千円札は　長方形

円

オンヨミ　エン

くんよみ　まるい

4画

1

2

3

4

 まめ ちしき　円いと　形で　円形と　よむ

赤ちゃんが　生まれたので　お赤飯を　食べた

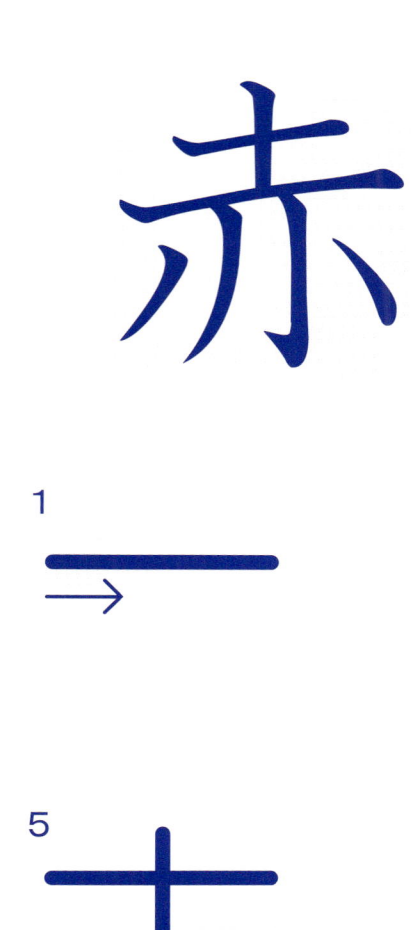

 オンヨミ　セキ　　シャク

くんよみ　あか　　あかい

7画

1

2

3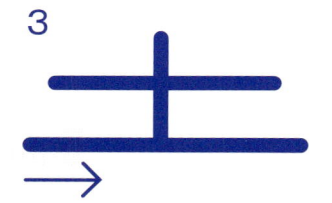

4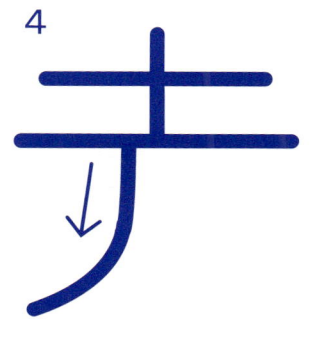

5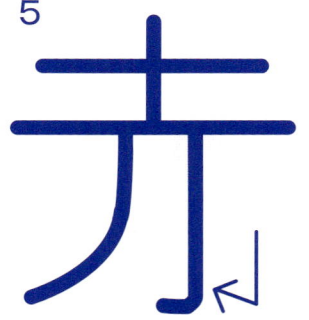

6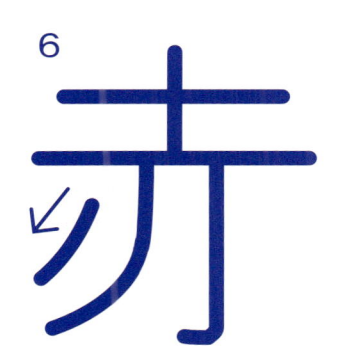

7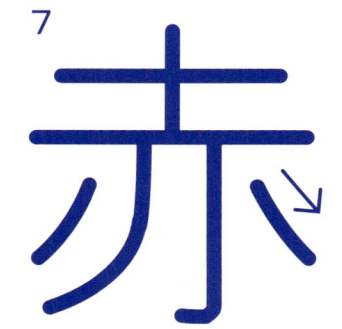

 まめ ちしき　赤いと　道で　赤道と　よむ

159

青空を　見上げる　青年

青

8画

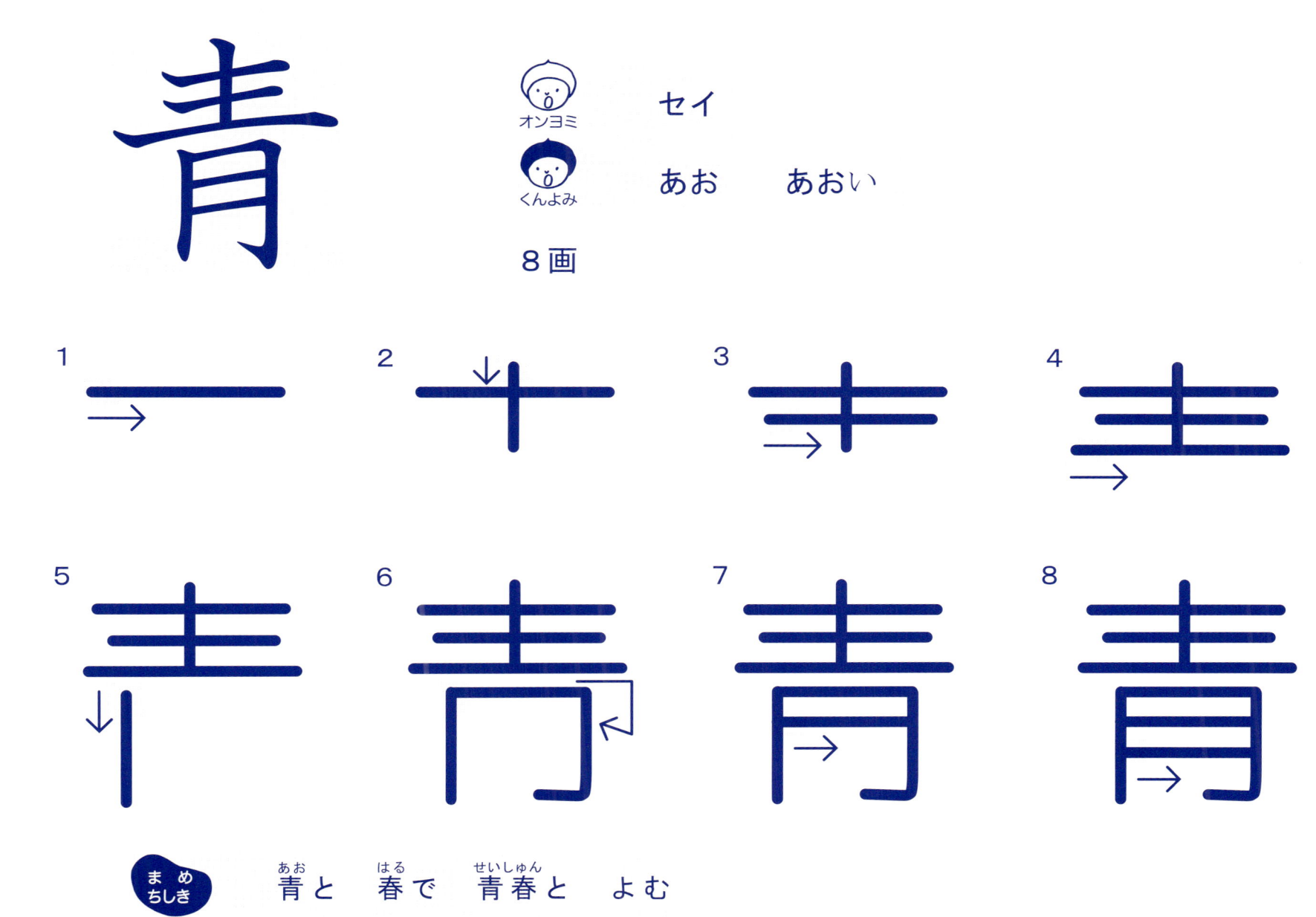

1 一
2 十
3 ⌗
4 ⌗
5 ⌗
6 青
7 青
8 青

まめちしき 青と　春で　青春と　よむ

風船に　空気を　入れて　空に　とばそう

オンヨミ クウ

くんよみ そら　あく　あける　から

8画

1

2

3

4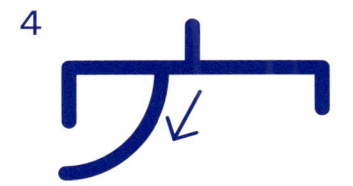

5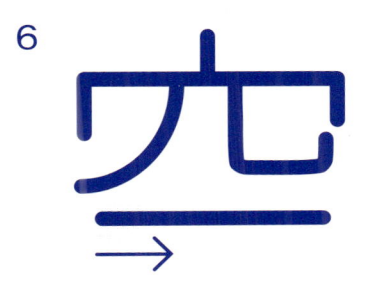

6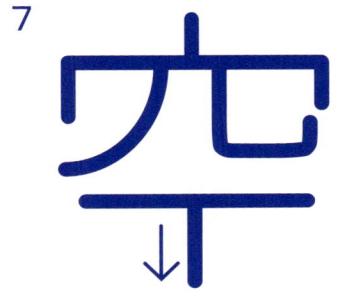

7

8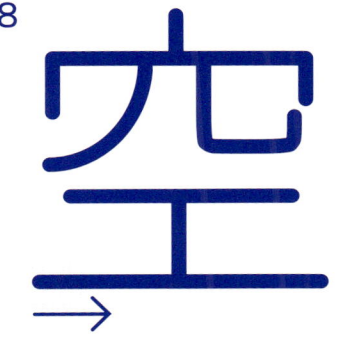

まめ
ちしき
空（そら）と　手（て）で　空手（からて）と　よむ

163

雨（あめ）だけど　運動会（うんどうかい）は　雨天（うてん）　決行（けっこう）

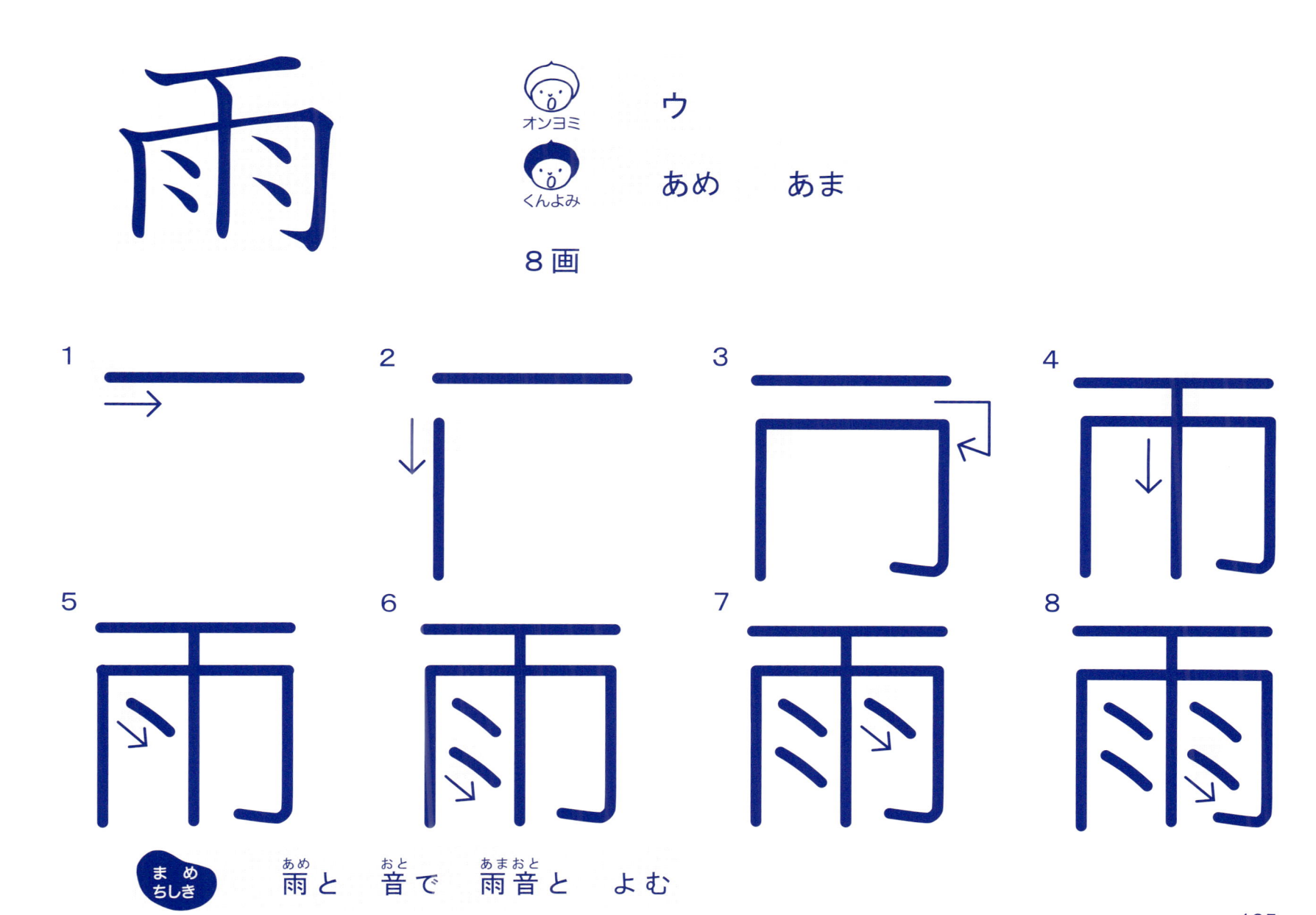

雨

まめ
ちしき　雨と　音で　雨音と　よむ

天気（てんき）が　いいので　天の川（あまがわ）が　よく　見（み）える

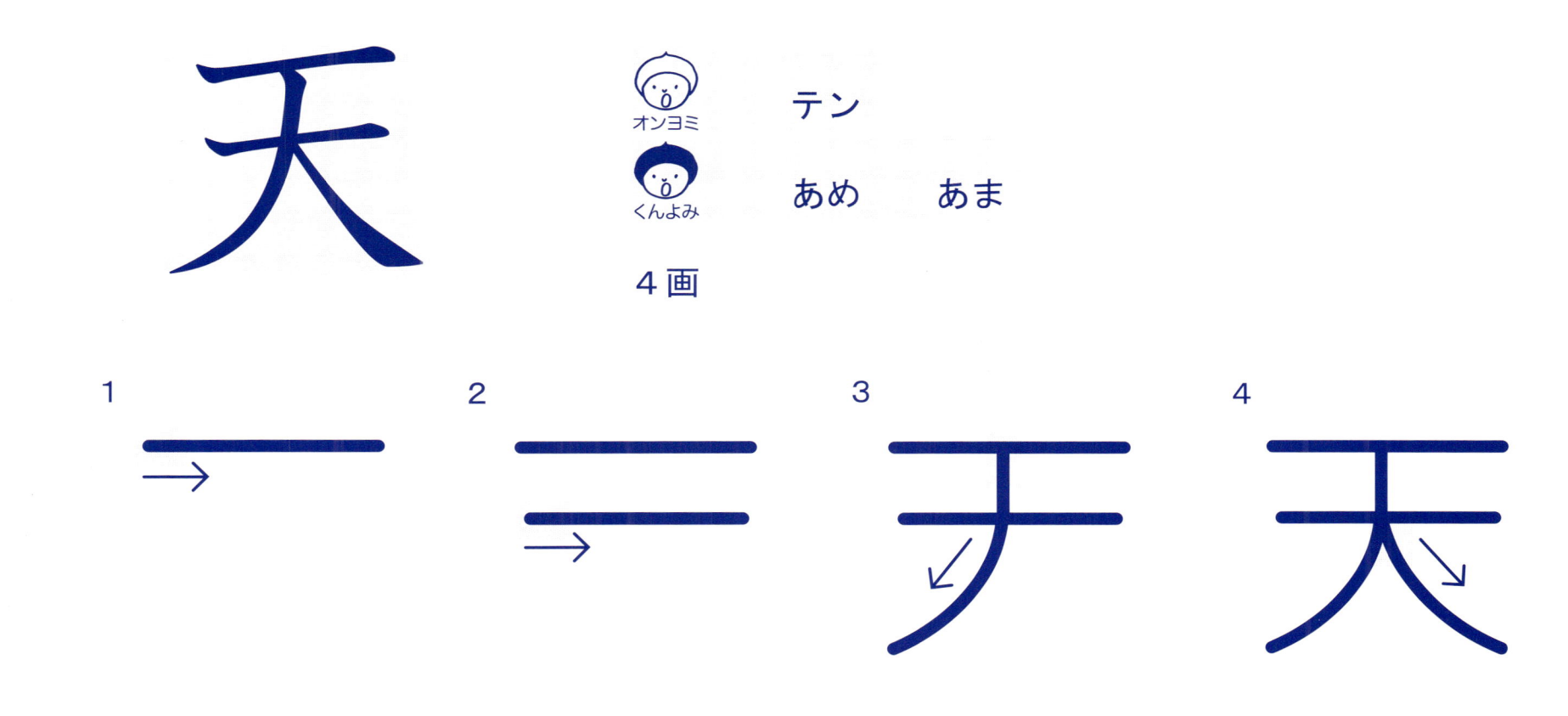

天

オンヨミ　テン

くんよみ　あめ　あま

4画

1　一→
2　二→
3　チ
4　天

 まめちしき　天は　かん字の　一の　下に　大きいと　書く

天気が　いいと　元気が　いいね

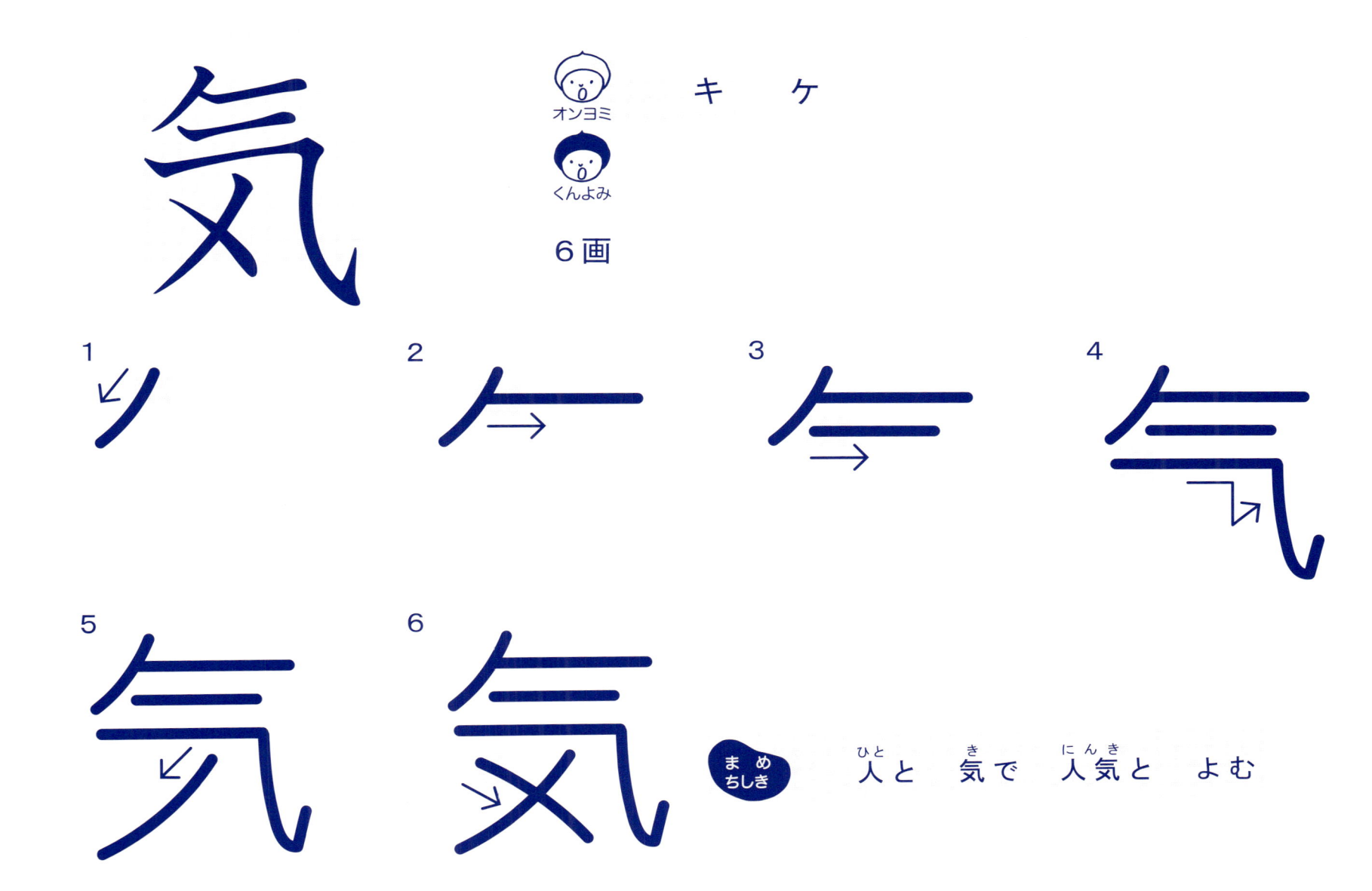

気

オンヨミ　キ　ケ

くんよみ

6画

1　ノ

2　ト→

3　气→

4　気

5　気

6　気

まめちしき　ひと と き で にんき 人 と 気 で 人 気 と よむ

この　犬は　もうどう犬です

オンヨミ ケン

くんよみ いぬ

4画

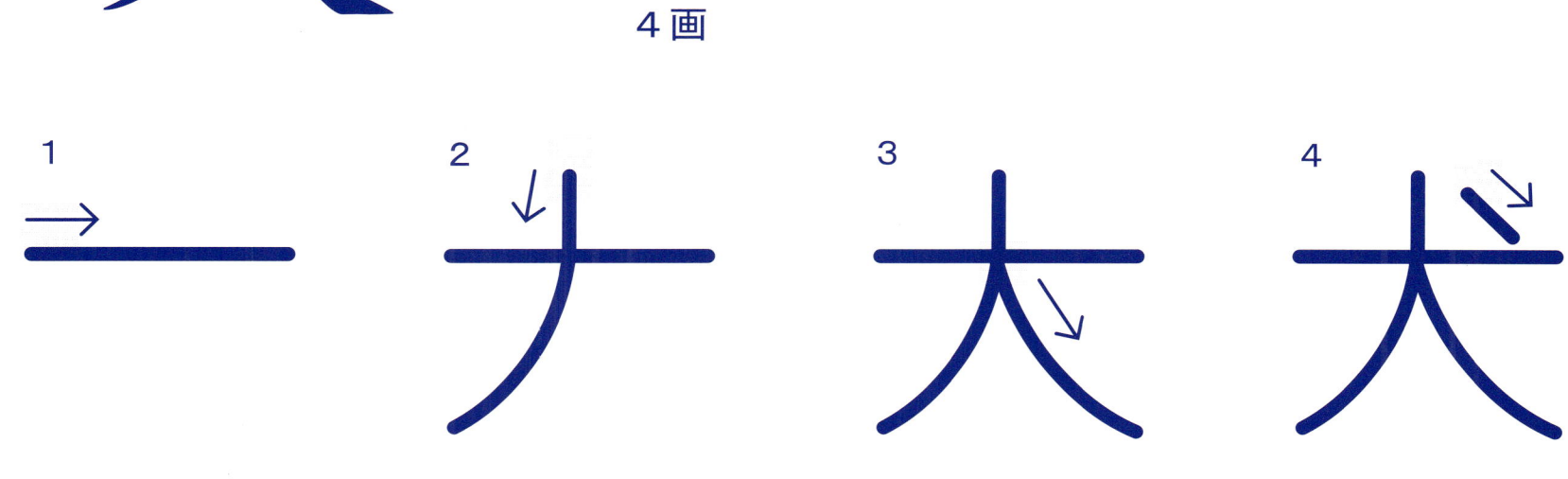

1 ⟶ 一
2 ナ
3 大
4 犬

まめちしき　犬は　大きいの　右上に　点を　つけて　書く

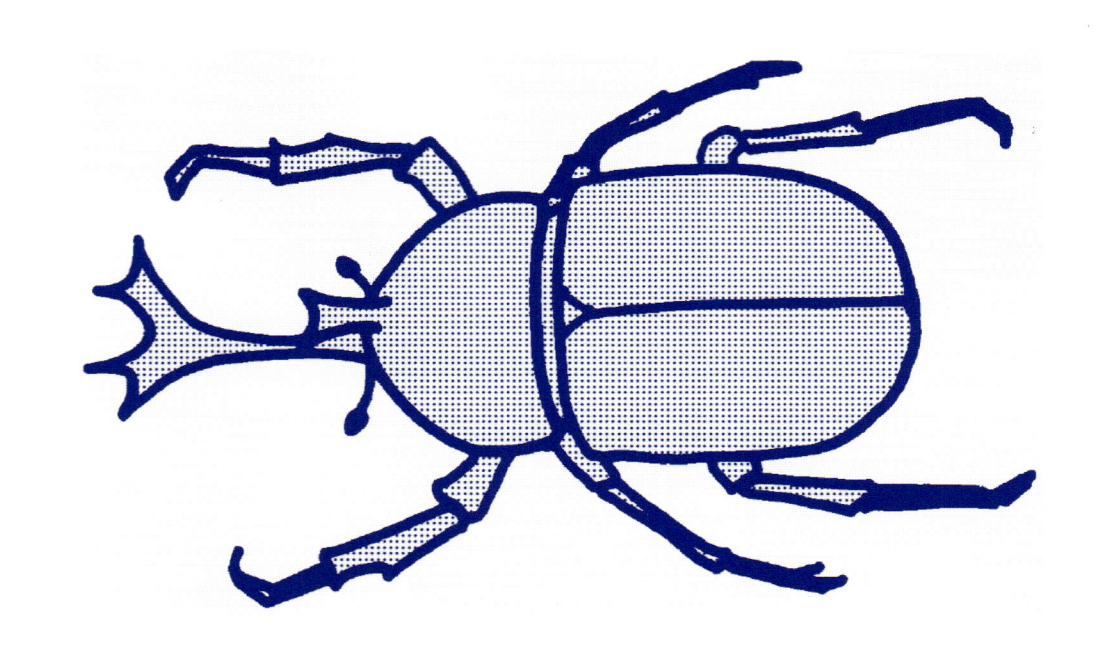

かぶと虫は　こん虫の　王様だ

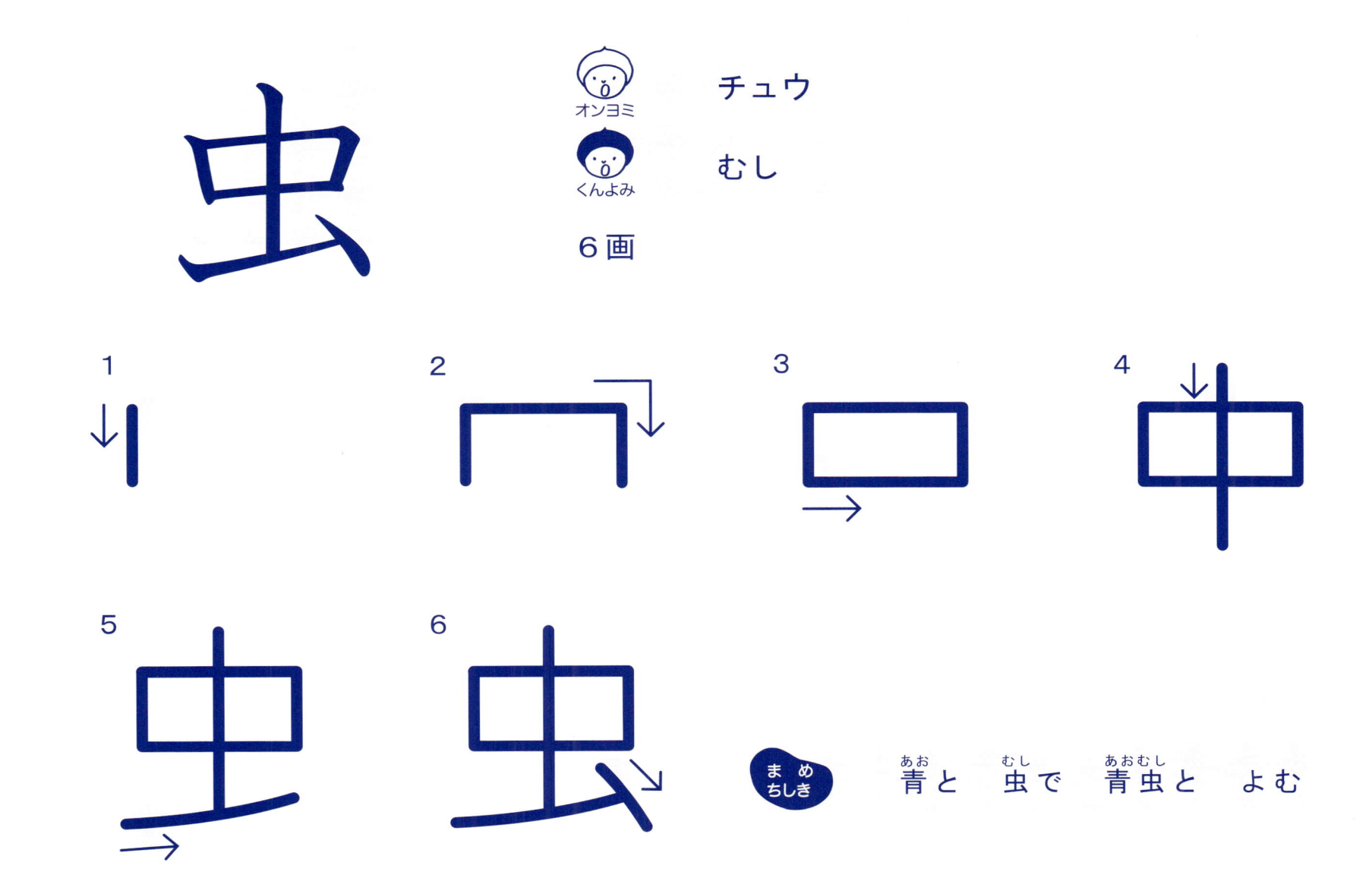

虫

まめちしき　青と　虫で　青虫と　よむ

あとがき

　本書は、2006年から発行してきた「てんじ手作り絵本　かいてみようかんじ1、2」（点字版）を音筆版として改定したものです。点字版は視覚に障害をもつ子供たちに向けて作成しました。パソコンの普及で視覚障害者の間でも漢字の必要性が高まり、漢字を勉強したいという要望が多くありましたが、視覚障害者の子供たちにとって書き順を理解することは難しく、そのための教材も少ないとの声を多く聞き、書き順から漢字を知ることは、漢字の構造を正確に理解し、日本語に対する理解を広げていくことになると思い、制作にあたりました。

　点字版は、凹凸のある線の方向に指で、さわりながら書き順を覚えられるようになっています。また形のつながりや意味のつながりなど、はじめて漢字にふれる子供たちが漢字の形をイメージしやすいような順番にして、視覚障害の子供たちがわかりやすいよう実際に点字を使用している方の意見を聞きながら作りました。そのため一般的な教科書漢字の学習本とは異なる部分も多くあるかと思います。点字版は7巻（小学校3年生）まで発行され、盲学校はもちろん、普通学級の授業の副教材としてまた視覚障害を越え発達障害、知的障害の子供たちにも広く活用されています。その子たちがより興味をもってもらえるにはどうすればいいか、例えばさわるだけでなく例文を声に出して読んでもらえたら、より楽しめるのではないかと考えていました。

子供向けの本を多く出版されている、今人舎の編集の方とお会いする機会があり、音筆について教えて頂きました。お話を伺うにつれ、絵本から音が飛び出してくる音筆の世界なら子供たちが喜んで、漢字を覚えることができるのではないかと考えるようになりました。今人舎に制作のご相談をすると快く引き受けてくださり、本書を完成することができました。

　漢字の読み方や書き順の音を聞くほかにも、例文の単語をすきなようにつなげて文を作ったり、かくれている音の部分をさがしたり、一人でも楽しんで読むことができる本書が、様々な子供たちの学習の助けになれば幸いです。

　最後になりましたが、株式会社小学館のご協力に心より感謝申し上げます。また、お忙しい中、本書の制作にたずさわって頂き、推薦文を書いて頂きました日本福祉大学講師の馬場景子先生、本書制作にあたりご指導とご協力を賜りました今人舎の編集の方々、朗読をして頂きました、おはなしピエロ劇団の益田沙稚子さんその他、制作にたずさわった皆様に感謝申し上げます。

2015年　1月　8日　　桜雲会

参考図書
斎賀秀夫／野村雅昭編『小学生の漢字辞典　使いかた・おぼえかた』小学館

かいてみよう きいてみよう おとがでるえほん かんじ1

2015年3月5日 初版発行

編　集	桜雲会
イラスト	たかはしこうこ
デザイン・DTP	Unison
音筆データ・作成	（株）今人舎
朗　読	益田沙稚子（おはなしピエロ劇団）

発行者　　高橋昌巳
発行所　　社会福祉法人桜雲会
　　　　　〒169-0075東京都新宿区高田馬場4-11-14-102
　　　　　電話　03-5337-7866
　　　　　http://homepage2.nifty.com/ounkai/

印刷・製本　　（株）平河工業社